La Vie de sainte Marie-Madeleine et de sainte Marthe sa sœur

Raban Maur

La Vie de sainte Marie-Madeleine et de sainte Marthe sa sœur

Raban Maur

Traduction, notes, et commentaires de
Etienne-Michel Faillon

Books On demand

Copyright © 2022 Raban Maur
Édition : BoD – Books on Demand, 12/14 rond-point des Champs-Élysées, 75008 Paris.
Impression : BoD - Books on Demand, Norderstedt, Allemagne.
ISBN : 9782322410033
Dépôt légal : janvier 2022
Tous droits réservés
Ce livre a été produit et maquetté par Reedsy.com

I

Dans quel lieu et de quelle famille sont nés les amis du sauveur, Marie, Lazare et Marthe

Dans le territoire de Jérusalem, sur le mont des Oliviers, à quinze stades et à l'orient de la cité sainte, est située la patrie de Marie-Madeleine, de Lazare et de Marthe, la petite ville de Béthanie, très souvent nommée par les évangélistes, fort connue par les fréquents séjours du sauveur, consacrée par l'hospitalité qu'il y reçut et par les repas qu'il y honora de sa présence, illustrée par les miracles qu'il y opéra et par les larmes qu'il y répandit, immortalisée enfin par la pompe de son triomphe, l'empreinte de ses derniers vestiges et l'éclat de son ascension. Ce fut dans cette petite ville que naquit la bienheureuse Marthe, hôtesse vénérable et très dévouée servante du Fils de Dieu, Jésus-Christ, Notre Seigneur, Sa très-illustre mère nommée Eucharie, tirait sa noble origine du sang royal de la nation d'Israël. Théophile son père, Syrien de nation, ne dut pas seulement son illustration à la noblesse de sa famille, mais encore à l'importance de sa dignité et à la grandeur de sa charge. Car étant le premier des satrapes[1] de la province, ce qui est un honneur considérable aux yeux des enfants du siècle, il fut gouverneur et prince de la Syrie et de toute la contrée maritime. Mais ce qui est plus précieux, attiré dans la suite par la prédication de

---

[1] Il y avait autrefois cinq *satrapies* situées le long de la mer Méditerranée, qui étaient les cinq *tétrarchies* de *Philistins* (origine du mot Palestine) mais il n'est pas sûr que ces satrapies existaient encore à cette époque ; il faut plutôt comprendre que le mot *satrape* désigne ici un emploi considérable.

Jésus-Christ, et devenu son disciple, il renonça aux grandeurs du monde pour suivre humblement le Sauveur.

Sainte Marthe avait une sœur utérine [2] d'une admirable beauté, nommée Marie, et un frère nommé Lazare, d'un naturel distingué et d'une florissante jeunesse. Chacun des trois réunissait un caractère heureux, des talents remarquables, et une parfaite connaissance des lettres hébraïques, dans lesquelles ils avaient été instruits. La bonne grâce mettait le comble à ces avantages de la nature et de l'éducation. Car on trouvait dans chacun d'eux une beauté de formes admirable, des manières douces et encourageantes, une agréable facilité d'élocution : en sorte qu'ils semblaient se le disputer l'un à l'autre par la beauté, les mœurs, la bonne grâce et l'honnêteté.

II
Marthe tient lieu de mère de famille dans le soin des biens. Caractère de Marie.

Étant de race noble, comme je l'ai déjà dit, et illustres par leur parenté, ils possédaient par droit d'hérédité un riche patrimoine, une grande étendue de terres, beaucoup d'argent et d'esclaves, savoir, la plus grande partie de Jérusalem, et trois domaines hors de cette ville ; Béthanie dans la Judée, à deux milles environ de Jérusalem ; Magdalon dans la Galilée, sur la gauche de la mer de Génésareth, situé dans l'enfoncement d'une montagne, à deux milles de Tibériade ; et une autre Béthanie au-delà du Jourdain [3], dans ce lieu de Galilée où Jean donnait le baptême. Tous trois vivaient ainsi en commun, au sein de l'abondance. Le frère et la plus jeune sœur voulurent cependant que Marthe, comme l'aînée de la famille, eût l'administration de ces domaines et de tous leurs biens. Celle-ci ne se prévalut pas de cet avantage ; mais, surmontant la faiblesse de son sexe, elle fit un noble usage de ses biens. Vivant dans le célibat, sa réputation fut toujours intacte ; elle était douce et aimable envers les siens, affable et compatissante envers les pauvres, enfin miséricordieuse et libérale envers tous. En un mot, elle jouissait du respect et de la vénération universelle pour la noblesse de son extraction, pour ses grandes richesses, sa rare beauté et l'éclat de sa modestie. Ajoutez encore son hospitalité, sa libéralité, sa bonté à l'égard de tous. Tel était le caractère de Marthe.

Quant à Marie, lorsqu'elle eut atteint l'âge nubile, brillant alors de tout l'éclat de la plus rare beauté, elle se faisait admirer pour l'élégance et la parfaite proportion de toute sa personne, les charmes de sa figure, la beauté de sa chevelure, les grâces exquises de son langage, la douceur extrême de son caractère, la fraîcheur de son teint, où se mêlait la blancheur des lis et l'éclat des roses. Enfin, elle brillait de tant de grâces et de beauté, qu'elle était regardée comme un des chefs-d'œuvre du Créateur.

III
Marie abuse des dons de la nature et des avantages qu'elle tenait de l'éducation.

Mais comme une éclatante beauté est rarement unie avec la chasteté, et que souvent l'abondance des biens nuit à la continence, cette jeune personne, au sein des délices, commença, comme il est ordinaire à cet âge, de se complaire dans les avantages de son esprit, et d'être attirée par le plaisir de la chair. La fleur de l'âge, la bonne grâce extérieure et l'abondance des richesses n'ont que trop coutume d'énerver les bonnes inclinations de l'âme ; un corps bien fait et un cœur enclin au plaisir respirent d'eux-mêmes

---

[2] Selon Raban, Marthe est la fille de Théophile (nom juif helléniste) et d'Eucharie (nom grec) et suppose que Madeleine et Lazare seraient nés d'un père différent dont le nom est inconnu. La plupart des autres anciennes *"Vies"* de Marthe assurent, au contraire, que Lazare et ses deux sœurs étaient bien issus des mêmes Théophile et Eucharie (ou Euchérie). Marthe était sans doute l'aînée de la fratrie car nous la voyons toujours agir comme ayant l'administration ou le soin des détails de la maison.

[3] Plus connue sous le nom de *Bethabara* (*Jn 1, 28*)

l'amour profane et ses fausses douceurs ; la noblesse du sang, la beauté du visage et les richesses font perdre bientôt la retenue du cœur ; enfin la chaleur de l'âge, les attraits de la chair et la faiblesse du sexe, achèvent de ruiner la chasteté du corps. Hélas ! Ô douleur ! L'or, c'est-à-dire le plus précieux des biens de Marie, fut terni par l'amour des choses de la terre. Le lustre brillant des avantages qu'elle tenait de l'éducation fut obscurci par le souffle des désirs charnels : attirée par les mouvements séduisants de la chair, laissant aller son cœur à toutes sortes d'affections illicites, elle changea en autant de moyens de libertinage et de corruption tous les dons qu'elle avait reçus de Dieu pour inspirer la vertu ; elle abusa de la douceur de son caractère pour mettre son âme en péril, de la beauté de son corps pour déshonorer son cœur, et la fleur de son adolescence pour détruire sa chasteté. Ainsi la fille de Sion perdit toute sa beauté ; ce bel ouvrage que la munificence de Dieu avait fait en elle s'évanouit ; elle pécha d'autant plus grièvement contre le Seigneur, qu'elle lui était redevable de plus grande largesses. Mais pourquoi nous arrêter plus longtemps sur cette époque de sa vie ? Cette jeune fille se laissa égarer par son cœur : elle tenta un moment de se fixer dans l'amour du siècle, et en se livrant aux plaisirs mauvais, elle fut bientôt loin de son premier état, et toute différente d'elle-même. La plus jeune des deux sœurs voulut s'éloigner de son Dieu, et, comme le prodigue, bientôt elle eut dissipé tous ses biens qu'elle tenait de la nature, et les avantages qu'elle avait acquis par l'éducation [4]. Mais sitôt qu'elle se voit dépouillée de tant de vertus, et que, pensant en elle-même à tant de précieux trésors, elle se rappelle celui qui l'en avait comblée avec tant de magnificence, sans retard elle se hâte de rentrer en grâce avec lui.

IV

Pendant ce temps, notre Seigneur et Sauveur étant sorti de l'adolescence, opère des miracles et guérit des pécheurs.

Déjà, en effet, le temps de la grâce était venu ; déjà la Vierge avait enfanté ; l'Emmanuel était descendu des cieux pour opérer son œuvre sur la terre. Œuvre tout étrangère à sa nature, puisqu'elle devait nous montrer un Dieu dans la misère, la force même succombant sous les coups, et la vie par essence expirant dans la mort. Car c'est là le mystère : que celui donc qui a de l'intelligence y distingue deux natures, et fasse à chacune sa part ; reconnaissant à la fois et l'homme au sentiment de ses douleurs, et le Seigneur à l'éclat de ses miracles. Déjà, suivant le cours naturel de l'âge, Jésus était passé de l'adolescence à la jeunesse. Déjà, après avoir été baptisé par le ministère de son précurseur, il avait accompli son jeûne de quarante jours, à la suite duquel il fut pressé par la faim : car ce n'est point en apparence, en figure, en imagination, mais en réalité, qu'il a pris sur lui toutes nos souffrances. Déjà il s'était choisi dans le pays plusieurs disciples ; déjà, âgé de plus de trente ans, il avait changé l'eau en vin. C'est alors qu'il commence à jeter un grand éclat par ses miracles et ses prodiges, comme il convenait au Fils de Dieu : accomplissant avec zèle le dessein pour lequel il était venu, qui était de rendre la santé du corps aux malades, et celle de l'âme aux pécheurs. "Car je ne suis pas venu, dit-il, pour appeler les justes, mais les pécheurs. Ce ne sont pas ceux qui jouissent de la santé, mais les malades qui ont besoin de médecin. Le Fils de l'Homme est venu pour chercher et sauver ce qui avait péri." Sa renommée se répandit bientôt par toute la Syrie, dans l'une et l'autre Galilée, et jusque dans la contrée maritime, à Tyr et à Sidon. C'est dans ce temps qu'annonçant dans la Galilée le royaume de Dieu, il, et vous n'avez point pris part à notre joie. Nous avons pleuré, et vous n'avez point répandu de larmes comparait les Juifs à des enfants, à qui leurs compagnons crient dans leurs jeux : "Nous avons chanté." Puis, expliquant les raisons de ces paroles, il ajoutait : "Jean-Baptiste, qui est venu d'abord, ne mangeait ni ne buvait ; et on dit : il est possédé du démon. Voici maintenant le Fils de l'Homme qui mange et qui boit comme les autres hommes, et l'on dit de lui : C'est un homme avide de bonne chère, et amateur du vin, l'ami des publicains et des pécheurs."

---

[4] Luc dit que Madeleine était pécheresse (*peccatrix*) indiquant assez que les péchés dont il s'agit étaient opposés à la vertu de chasteté

V
*Le bruit des miracles de J*ÉSUS-CHRIST *change le cœur de Marie*

Sur ces entrefaites, le Sauveur est invité à dîner par un pharisien, que notre évangéliste appelle Simon, et qui me paraît avoir été citoyen de la petite ville de Magdalon, et uni à sainte Marthe par le lien du sang et de l'amitié [5]. Comme JÉSUS était à table dans sa maison, avec beaucoup d'autres personnes, le bruit de son arrivée se répandit aussitôt dans toute la ville [6] : on disait qu'il y avait là un saint homme, extrêmement bon, doux et modeste, plein de charité et de compassion, accessible aux plus petits, affable envers les pécheurs, tendre au repentir, zélé pour la tempérance, amateur déclaré de la chasteté. Quelques-uns, ajoutait-on, croient qu'il est le Fils de DIEU et le Messie. Cette heureuse nouvelle parvint aux oreilles de Marie, la jeune personne dont nous venons de parler, qu'on surnommait Madeleine, de la terre de Magdalon, qu'elle possédait en propre, et qui signifie Tour. Comme on l'a déjà raconté, elle s'était servie des charmes de sa beauté pour perdre sa propre innocence et pour blesser celle des autres. Par ses attraits, la fleur de son âge et l'abondance de ses biens, elle avait outragé l'honnêteté, au point que la multitude innombrable de ses péchés faisait dire qu'elle était possédée de sept démons. Frappée donc en ce moment des lumières de la foi par ce qu'elle venait d'entendre sur l'arrivée d'un prophète si saint et si miséricordieux, elle rentre dans son âme, porte sur soi les yeux intérieurs de son cœur, et, se mettant en face d'elle-même, elle se rappelle l'abus criminel qu'elle a fait de tous les avantages précieux de la nature et de l'éducation, dont elle était ornée dès son enfance. Repassant dans son cœur sur toutes ces pertes, elle reconnaît qu'elle est bien loin de DIEU, bien différente d'elle-même ; et elle commence à répandre des pleurs. DIEU, à qui tout est connu, l'abreuva alors d'un vin de douleur, pour qu'elle se sauvât de l'arc de sa vengeance. "Si vous ne vous convertissez, est-il dit, il a déjà fait briller son épée, il a tendu son arc, il y a mis des instruments de mort." Sur-le-champ, par un mouvement gratuit et soudain du Saint-Esprit, qui souffle quand il veut et où il veut, qui se fait sentir à qui il lui plaît et autant qu'il lui plaît, qui par sa seule volonté prend pitié de celui-ci et laisse l'autre s'endurcir ; inspirée, dis-je, par ce divin Esprit, cette jeune personne se tient à elle-même ce langage : Reconnais ton état, ô malheureuse ! Souviens-toi de ce que tu as été, considère ce que tu es maintenant et ce que tu vas devenir. Rougis de te voir ainsi dégradée ; gémis d'avoir fait un si indigne usage de toi-même ; pleure sur ta chasteté que tu as perdue, et sur le scandale que tu as donné aux autres. Ne regretteras-tu pas d'avoir méprisé si longtemps le Seigneur ? N'auras-tu pas honte d'avoir répondu à ses bontés d'une manière si indigne ? Ah ! Ce n'est pas assez d'un moment ni d'un jour pour te livrer à ces sentiments. Considère que ta vie est courte, que la mort est inévitable, et que son heure est incertaine ; que la santé est trompeuse et la bonté vaine : il n'y a que la femme qui a craint le Seigneur qui soit louée au jour de sa mort, parce que ses œuvres font son éloge. Toi donc, ô Marie ! Crains ta perte éternelle ; porte tes yeux sur le juge suprême ; n'attends pas que le Seigneur te reproche tes crimes ; déteste ta vie passée, et hâte-toi d'entrer dans une vie meilleure. C'est ainsi qu'instruit par la divine sagesse, l'épervier change son plumage, et renouvelle ses ailes au vent du midi.

VI
Marie prend un vase d'albâtre et se rend dans la maison de Simon.

---

[5] Raban suppose que Marie-Madeleine, au contraire de Marthe, n'était pas parente de Simon, ce qui confirmerait, incidemment, que Marthe et Marie n'étaient pas nées du même père. Ceci expliquerait aussi pourquoi Simon connaissait bien Marie.

[6] Certains auteurs situent cette onction à Jérusalem à l'endroit où se trouvaient l'ancien monastère et la vaste église de Sainte-Madeleine (contemporaine et quasi-identique à celle de Sainte-Anne) construits par les Croisés sur l'emplacement de la maison de Simon le Pharisien (nord de la ville, quartier proche de la Porte d'Hérode).

Se levant donc tout aussitôt, Marie prend un vase d'albâtre des Indes, de couleur blanche, rayé de différentes nuances, et le remplit d'un parfum exquis et très rare, dont l'odeur délicieuse et le prix le rendent digne, à son avis, de l'usage qu'elle en voulait faire, pour oindre les pieds de ce prophète ; car elle voulait voir celui qu'on publiait être le Fils de Dieu, et pour qui son cœur commençait à brûler d'un amour tout nouveau. Elle était pourvue d'une grande quantité d'épis aromatiques, de diverses sortes de baume, et d'eaux de senteur de toute espèce, accoutumée qu'elle était depuis son enfance à toutes ces senteurs, dont elle se servait pour ajouter à ses attraits naturels. Il est écrit qu'il n'est pas permis de paraître devant le Seigneur les mains vides ; Marie portait donc dans les siennes ce vase odoriférant, et, ce qui était bien plus précieux, le cœur plein de foi et d'espérance du pardon. Seule témoin de sa douleur et de ses larmes, avec ce cri puissant du cœur que Dieu entend toujours favorablement : O malheureuse ! se dit-elle, quel abus misérable des années de ma jeunesse ! Voyez, Seigneur, et considérez combien je me suis avilie. Mon Dieu, que je m'arrête enfin, que je cesse de vous offenser après tant de fautes ! Je renonce aux penchants de mon cœur, aux attraits de la chair et aux pompes du siècle ; plus d'égarements, je les déteste ; je promets de m'amender désormais. – Ainsi se disait-elle à elle-même, et sa conscience et son cœur répétaient ces protestations [7].

Cependant elle allait au festin où elle avait appris qu'assistait le Fils de Dieu. Celui qu'elle allait trouver, et à qui nul secret n'est caché, n'ignorait pas ses dispositions. Bien plus, c'était lui qui, par l'Esprit-Saint, auteur des sept dons, l'avait prévenue dans sa démarche par les bénédictions de sa douceur, et qui hâtait vers lui ses pas. Du premier moment donc il disperse les sept démons, il les chasse, leur interdit à jamais l'entrée de son âme et de son corps, et la remplit des dons précieux de son divin Esprit. Fécondée de ces dons célestes, elle conçoit, par le moyen de la foi, une espérance sainte, et voit naître dans son cœur une très ardente charité. Ce vase d'albâtre, de si bonne odeur, qu'elle tenait dans ses mains, était en effet un indice extérieur de l'holocauste intérieur que le repentir enflammait en elle. Le cœur chargé de tels fruits, le repentir sincère du passé la remplissant de la dévotion la plus agréable à Dieu, et animée par l'espérance certaine du pardon, elle arrive au banquet du Sauveur.

VII

Marie rend aux pieds du Sauveur des devoirs de piété inouïs. Raisons pour lesquelles Jésus-Christ la défend contre le Pharisien.

Marie entre donc dans la salle du festin, et aussitôt portant ses regards sur les convives, elle aperçoit de loin le Fils de la Vierge. À cette vue, elle se prosterne et l'adore ; puis elle se relève et s'approche respectueusement de la couche où le Sauveur était placé ; là, pleine de confiance, se tenant derrière le Messie, des traces duquel elle s'affligeait de s'être si fort éloignée, et livrant à la componction et aux pleurs ses yeux, si souvent profanés par les convoitises des objets terrestres, elle se met à arroser de ses larmes les pieds du Sauveur, et, les environnant avec cette chevelure qu'elle étalait jadis pour relever la beauté de son visage, elle essuyait les larmes qu'elle répandait. Sa bouche, qu'elle avait fait servir à des plaisirs lascifs ou à des paroles de superbe, elle la colle sur les pieds de Jésus, et elle les oint du parfum qu'elle avait apporté, ne pouvant plus penser qu'avec douleur à l'usage qu'elle en avait fait pour son propre corps.

A ce spectacle, le Pharisien qui avait invité le Seigneur au festin s'indigne : il voit avec peine cette hardiesse dans cette femme, et sans être touché d'aucun sentiment de compassion naturelle pour Marie, oubliant

---

[7] Marie-Madeleine est la seule personne de l'Évangile qui s'adresse à Jésus-Christ en vue d'obtenir la guérison de son âme ou la rémission de ses péchés. On ne voit pas non plus dans tout l'Ancien Testament une personne demander la même grâce à Dieu ou à un prophète. Elle n'use point de paroles pour demander cette grâce ; elle ne fait parler que ses larmes.

même sa propre fragilité, il ose blâmer la pécheresse de ce qu'elle vient chercher son salut, et le Sauveur d'être venu la sauver, et dit en murmurant en lui-même : "Celui-ci n'est donc pas comme le reste des Juifs ? Certainement, s'il était prophète, il pénétrerait, malgré leur éloignement, les choses passées aussi bien que présentes ; il connaîtrait l'avenir, et saurait sans aucun doute qu'elle est celle dont il se plaît à recevoir les hommages, et à quelles mains il permet de le toucher."

À ces paroles du Pharisien, le Dieu qui discerne les secrets des cœurs et scrute les intentions répond de la sorte : "Simon, j'ai quelque chose à vous demander." Celui-ci, abaissant alors sa fierté de pharisien sous un air modeste, comme il savait le faire, et dissimulant les sentiments de murmure qu'il cachait dans son cœur : "Maître, répond-il, parlez, je vous prie. Un créancier, reprend le Seigneur, avait deux débiteurs dont l'un lui devait cinq cent deniers et l'autre cinquante. Comme ils n'avaient pas de quoi le payer, il remit la dette à l'un et à l'autre. Quel est, je vous le demande, celui qui l'en aima davantage ? " A ces paroles, Simon, semblable à un insensé qui forme un lacet pour s'y embarrasser lui-même, ne pensant pas que c'était à lui que s'appliquait cette comparaison, la plus claire et la plus courte qu'on pût faire : "J'estime, répondit-il, que c'est celui à qui le créancier rendit la plus grosse sommes. Vous avez bien jugé, dit le Seigneur. " Aussitôt, se détournant de la table pour regarder vers Marie, dont le cœur était pour lui un festin bien plus agréable, il découvre à ses yeux son visage, si plein de charmes, et porte sur elle des regards de douceur et de sérénité. Cependant, avant de lui adresser la parole, il veut la venger du mépris du Pharisien, et sans détourner d'elle ses regards, il dit à l'autre avec sévérité : "Voyez-vous cette femme ?" Rappelant alors et énumérant les marques qu'elle lui avait données de sa piété, en lui lavant les pieds, en les essuyant, en y répandant le parfum, en les baisant, il fait voir qu'il les a reçues avec satisfaction, et reprochant sans détour à Simon de n'avoir rien fait de semblable à son égard, il dit, en opposant circonstance à circonstance : "Je suis entré dans votre maison, où vous-même m'aviez invité, et vous ne m'avez offert pour laver mes pieds ni de l'eau de votre citerne, ni de celle du fleuve, ce que cependant on a coutume de faire à l'égard des hôtes que l'on reçoit [8] ; celle-ci a fait un acte de piété inouï jusqu'à présent, en lavant mes pieds avec ses propres larmes, et en les essuyant avec ses cheveux, bien plus précieux que tous les linges destinés à cet usage. Vous ne m'avez point donné le baiser des amis, ni aucun autre signe d'affection ; et celle-ci ne m'a pas rendu seulement une fois ou plusieurs fois ce devoir, mais depuis qu'elle est entrée, elle n'a cessé de baiser mes pieds. Vous n'avez point répandu d'huile sur ma tête, ce qui serait une marque de dévouement ; et celle-ci a répandu sur mes pieds non pas simplement de l'huile, mais un parfum mêlé de baume le plus pur. C'est pourquoi, je vous le déclare, beaucoup de péchés lui sont remis, et avec raison, parce qu'elle a beaucoup aimé ; celui à qui on remet moins aime moins, encore qu'il ne doive pas moins aimer Dieu qui le préserve, en le retenant, des fautes où il ne tombe pas."

VIII

Jésus remet à Marie ses péchés et la renvoie en paix.

Le Sauveur vit bien les sentiments de joie que ses paroles avaient répandus dans le cœur de Marie. Cette joie avait été grande lorsqu'elle entendit Jésus-Christ rappeler en particulier et louer les témoignages de dévouement qu'elle venait de lui donner. Elle s'était accrue encore en voyant qu'il faisait plus d'estime de ces marques extérieures de sa piété, que du festin de Simon. Mais elle avait été à son comble en

---

[8] Comme les chaussures étaient le plus souvent découvertes, la poussière s'attachait aux pieds ; il était donc courant de laver les pieds des convives, par simple bienséance et pour conserver la propreté des lits utilisés lors des banquets. De plus, le climat étant chaud, il était courant d'utiliser des lotions pour tempérer la chaleur et des parfums pour corriger la mauvaise odeur que pouvait causer une transpiration abondante, notamment pour les convives de distinction. Ces parfums étaient souvent composés avec des olives vertes en sorte que cette liqueur ne salissait ni les habits ni le corps.

apprenant que le Fils de Dieu voyait les premiers feux de son amour, et qu'il pensait à lui remettre ses péchés. Alors Jésus, voulant mettre fin aux larmes qu'elle ne cessait de répandre en baisant ses pieds sacrés, lui dit ces paroles en même temps qu'il répand dans son âme une joie merveilleuse et une ineffable douceur : "Vos péchés vous sont pardonnés : car l'ardeur de votre amour a consumé la malice de tous vos crimes."

Ces mots furent un scandale pour tous les convives, et chacun se mit à dire en lui-même : "Qui est donc celui-ci, qui prétend remettre les péchés ? Ce pouvoir n'appartient qu'à Dieu seul." Mais le Sauveur, laissant à eux-mêmes ceux qui roulaient ces pensées dans leurs esprits, et se tournant vers Marie, lui dit : "Votre foi, en vous donnant la confiance d'obtenir ce que réclamait votre piété, cette foi vous a sauvée ; allez en paix." Ranimée par une si favorable sentence, Marie adore le Sauveur, et remplie sur-le-champ d'une joie indicible, sort de la salle du festin, portant dans son cœur l'Esprit-Saint, et se retire chez elle, modérant pourtant le cours de ses larmes, sans les arrêter encore entièrement. Car ces larmes de douleur que la crainte du châtiment lui avait fait d'abord répandre s'étaient changées en larmes de joie, après son pardon. Ce fut alors que des torrents de joie réjouirent son cœur, comme la cité de Dieu. Alors le Très-Haut sanctifia dans Marie le tabernacle dont il prenait possession ; dès ce moment il n'y eut plus dans son âme, ni même dans son corps, aucune souillure ; dès lors elle fut la plus chaste des créatures. Dès lors elle surmonta la nature et triompha d'elle-même ; dès lors elle se dépouilla si parfaitement de ses anciennes habitudes, que le bien remplaça en elle le mal en tout point. Autant cette conversion est consolante et admirable, autant mériterait-elle de trouver de justes louanges ; mais la seule digne d'elle que je puisse lui donner, c'est de me reconnaître incapable de la louer dignement.

IX

Marie, conjointement avec d'autres femmes, témoigne à Jésus sa reconnaissance par ses pieux services.

Après le fait que nous venons de raconter, comme le sauveur parcourait les villes et les bourgades avec ses douze apôtres, et annonçait le royaume de Dieu, plusieurs femmes de distinction s'attachèrent à sa suite, Johanna, Suzanne et beaucoup d'autres ; mais Marie-Madeleine était la plus chère et la plus dévouée de toutes ; elle fournissait de leurs biens aux besoins du Sauveur et aux apôtres avec une grande affection et une religieuse sollicitude, et s'efforçaient de reconnaître par-là les bienfaits qu'elles avaient reçus de sa part. Car le Sauveur les avait guéries de leurs infirmités, et délivrées de malins esprits. Vers ce temps, appelé auprès de la fille de Jaïr (prince de la Synagogue), qui était morte à l'âge de douze ans, il l'a ressuscita en lui disant : "Jeune fille, levez-vous ;" et ordonna, comme nous le lisons, qu'on lui donnât à manger. Une femme de la Phénicie maritime, dont la foi le toucha, obtint de lui la guérison de sa fille possédée du démon. Par le seul attouchement de sa robe, il guérit de même l'hémorroïsse, à la foi de laquelle il rendit un éclatant témoignage. Cette femme, selon ce qu'on rapporte, était de Césarée de Philippe, et s'appelait Marthe [9]. On voit encore aujourd'hui dans cette ville la maison qu'elle habitait ; à la porte, et sur une estrade élevée est un piédestal qui porte une figure d'airain en relief représentant cette même femme à genoux, les mains étendues et comme suppliantes ; devant elle est une autre statue d'airain ; elle a l'extérieur d'un homme vêtu d'une robe traînante, drapée avec art, et qui tend la main droite à la femme. Au pied de cette statue et sur le piédestal, on voit une certaine plante, d'une espèce inconnue, qui a coutume de s'élever jusqu'à la frange de la robe d'airain. Dès qu'elle parvient à la toucher, elle acquiert la vertu de chasser toutes les maladies et les douleurs, en sorte qu'en buvant quelques gouttes d'une liqueur où l'on aura trempé cette herbe salutaire, elles cessent aussitôt. Elle n'a aucune vertu, si on la cueille avant qu'elle soit parvenue naturellement à atteindre le bord de la robe d'airain.

---

[9] Beaucoup d'auteurs la nomment Véronique (corruption de *Béronique*), la même à qui on attribue l'image de la face miraculeuse du Sauveur

Selon la tradition, cette statue a été faite à la ressemblance de Notre Seigneur Jésus-Christ lui-même [10]. Et il n'est pas étonnant que, par reconnaissance pour le bienfait qu'elle avait reçu du Sauveur, cette femme se soit efforcée de lui dédier ce monument, pour en perpétuer le souvenir. C'est un usage que les chrétiens observent encore aujourd'hui, et qu'ils ont conservé sans difficulté des païens. Ainsi honorent-ils les hommes qu'ils jugent dignes d'honneur. Car, conserver de cette sorte et transmettre à la postérité les belles actions des anciens, c'est un hommage rendu à leur mérite, en même temps qu'une marque de l'affection qu'on leur porte.

X

Jésus reçoit de Marthe l'hospitalité. Il excuse Marie, qui est tout entière à ses leçons

Vers ce même temps encore se place la transfiguration du Sauveur sur le mont Thabor en Galilée. "Et comme les jours de sa vie mortelle approchaient de leur terme, il se mit en chemin pour Jérusalem avec un visage assuré," se rendant d'un cœur intrépide dans le lieu même, où il avait résolu de souffrir. Étant en chemin, il entra dans un bourg, celui de Magdalon, domaine de Marie-Madeleine, qui en a rendu le nom célèbre. Ce fut Marthe qui le reçut, pour lui rendre les devoirs de l'hospitalité, et elle mit tout en œuvre afin qu'il ne manquât rien à l'opulence de la maison, ni à la splendeur du festin. A la suite du sauveur étaient ses douze apôtres, les soixante-douze disciples et une multitude de femmes illustres. Tandis que Marthe se livrait donc avec inquiétude à tous les soins domestiques, sa très sainte sœur, au lieu de les partager avec elle, restait assise aux pieds du Sauveur et écoutait sa parole. C'est pourquoi Marthe, s'approchant du Sauveur lui dit : "Seigneur, ne considérez-vous pas que ma sœur me laisse tout préparer ? Dites-lui donc qu'elle vienne m'aider." Entendant ces plaintes de sa sœur, Marie ne répond rien ; mais elle abandonne sa défense au Sauveur, qui trouvait avec elle dans la contemplation pus de délices que dans tous les festins. "Je suis assise auprès de celui que j'aime, disait-elle avec l'Épouse des Cantiques, et ses paroles sont pour moi un fruit plein de douceur : voilà toute l'occupation de mon âme, et la source de toutes mes espérances." Le Sauveur prend la parole et répond : "Marthe, Marthe, vous êtes empressée." Cette répétition de son nom est une marque de l'amour qu'il portait à Marthe. Car il avait pour elle, à cause de ses aumônes et de sa charité si agissante, une merveilleuse affection, aussi bien que pour Marie, à cause de l'amour de celle-ci pour la contemplation. "Vous êtes empressée, ajoute-t-il, pour pourvoir à toutes choses dans votre maison, et vous vous troublez pour les nécessités de beaucoup de pauvres et d'infirmes. Or, il y a une autre chose plus nécessaire : c'est d'être toujours unie à Dieu. Voilà la meilleure part ; c'est celle que votre sœur Marie a choisie, et elle ne lui sera point ôtée." Car sa contemplation, son amour, et les désirs que la foi commence en elle, ne finiront jamais ici-bas et trouveront dans le ciel leur consommation. Après ses paroles, il se mit à table ; les douze apôtres, les soixante-douze disciples et les pieuses femmes firent de même ; la bienheureuse Marthe servait avec générosité, selon la coutume ; l'intendante de sa maison, l'illustre Marcelle et Susanne servaient aussi, ainsi que Johanna, dont le mari était intendant du royaume d'Antipas, le tétrarque de Galilée, et officier de la table de ce prince.

XI

La Reine du ciel étant survenue, sainte Marcelle s'écrit : QU'HEUREUX EST LE SEIN DE LA VIERGE MÈRE !

---

[10] Statue située à Panéade. Témoignage d'Eusèbe de Césarée dans un ouvrage dédié à l'empereur Constantin. Julien l'Apostat, son neveu (empereur 361-363), la fit enlever et mettre en pièces par les païens ; Photius (820-891) patriarche de Constantinople, en possédait encore un fragment.

Depuis cette circonstance, le Sauveur, en parcourant fréquemment les villes et les campagnes de la Galilée, revenait assidûment à Magdalon, et logeait avec sa bienheureuse troupe chez Marthe et Marie : ces deux sœurs lui fournissaient toujours de leurs biens avec affection et générosité tout ce qui lui était nécessaire. S'il arrivait quelque fois que, retenues chez elles pour leurs affaires domestiques, elles ne pussent le suivre lorsqu'il prêchait au loin, elles lui envoyaient alors par leurs serviteurs ce qu'elles savaient être utile à lui et aux siens, et ces sortes d'offrandes étaient mises entre les mains d'Iscariote, l'un des douze apôtres, qui, étant chargé de l'argent du Seigneur, portait ce que l'on envoyait ainsi, non sans en dérober quelque chose en cachette. Un certain jour un démoniaque, aveugle et muet tout ensemble, ayant été guéri par le Sauveur, un grand concours de peuple qui survint en fut ravi d'admiration, et rendait gloire à Dieu. Cependant, les pharisien blasphémaient et disaient malicieusement que le Sauveur avait fait ce prodige par l'intervention de Beelzebub, quoique lui-même les assurât et leur prouvât que c'était par la puissance divine qu'il chassait les démons. Sur ces entrefaites la Reine du ciel survint avec ses sœurs et d'autres parents pour voir et pour entretenir le Sauveur, le Fils de Dieu. Mais ils ne pouvaient arriver jusqu'à lui à cause de la foule. Quelqu'un alors qui était à la porte de la maison se lève et dit au sauveur : "Voilà votre mère et vos parents qui sont dehors, et qui vous cherchent ; " paroles qui n'étaient pas dites simplement et sans dessein, mais d'une manière insidieuse, pour savoir si Jésus ne préférait pas la chair et le sang à l'œuvre spirituelle à, laquelle il était occupé. Ces paroles ne firent point sortir le sauveur, et il feignit de ne pas connaître sa mère : non qu'il l'a désavouât pour sa mère, mais afin de répondre à celui qui lui tendait un piège : "Qui est ma mère, dit-il, et qui sont mes frères ?" et étendant les mains sur ses disciples, il ajouta : "Voici ceux qui, par une grâce spéciale, sont ma mère et mes frères. Toute personne, quelle qu'elle soit, qui fait la volonté de mon Père céleste, est mon frère, ma sœur et ma mère." C'est me donner le jour que de me faire entrer dans un cœur par la prédication, et celui-là devient ma mère par la parole duquel mon amour est produit dans les âmes.

A ces paroles la multitude tant d'hommes que de femmes qui croyaient en lui furent remplis d'allégresse. Il y avait là, avec les autres saintes femmes, qui servaient le Sauveur, Marcelle que nous avons déjà nommée, intendante et économe de sainte Marthe, femme très-pieuse et d'une grande foi [11]. Celle-ci, croyant donc avec une sincérité admirable l'incarnation du sauveur, et animée de la confiance la plus vive, veut confondre les calomnies des princes des prêtres et des pharisiens qui entouraient le Sauveur, et élevant la voix du milieu de la foule, elle s'écrie : " Bienheureux le ventre qui vous a porté, et vous a fourni de sa chair la matière dont votre corps devait être formé ! Bienheureux le sein qui vous a allaité, et vous a communiqué de cette chair, comme d'une même source le lait qui devait vous nourrir !" Mais le Sauveur lui répond : Ce n'est pas seulement ma mère qui est heureuse comme vous le dites, pour m'avoir engendré de sa chair, moi qui suis le Verbe de Dieu, et pour m'avoir nourri de son lait ; "mais heureux aussi ceux qui, écoutant le Verbe de Dieu, le reçoivent et le font naître dans le fond de leurs cœurs !" C'est le même don que la grâce leur communique ; heureux si, après l'avoir conçu en eux par la foi, ils le nourrissent et l'alimentent par l'espérance et par la charité avec une fidélité constante !

XII

Jésus-Christ *délivre la pécheresse.*

Le quatrième jour de la fête des Tabernacles, Jésus-Christ étant monté au temple y enseignait le peuple, et lorsque le soir fut venu, il sortit avec ses disciples, gravit la montagne des Oliviers, et se rendit à Béthanie dans la maison de Marie et de Marthe, où était son ami Lazare, chez lequel il avait coutume de loger. Car dès le moment qu'ils eurent mérité son amitié, il vint fréquemment chez eux, soit au bourg de

---

[11] Le bréviaire romain fait mention de sainte Marcelle dans la leçon de sainte Marthe mais beaucoup ont contesté l'existence de cette Marcelle, au nom latin, dans la suite de sainte Marthe. Cependant, le cas n'est pas unique (Cf. sainte Potamienne disciple d'Origène, fille d'une certaine Marcelle).

Magdalon en Galilée, soit à Béthanie au-delà du Jourdain ; soit enfin à l'autre Béthanie en Judée, près de Jérusalem. Heureux et fortuné mortels qui furent jugés dignes de recevoir un pareil hôte, de nourrir celui qui est le pain des anges, et par qui ils étaient eux-mêmes nourris !

Or, le huitième jour de la fête des Tabernacles, le Seigneur partit de Béthanie, se rendit dès le point du jour dans le temple, où le peuple s'étant assemblé autour de lui, il s'assit et se mit à les instruire ; et c'est alors qu'il montra tant de miséricorde et de sagesse, à l'occasion de cette pécheresse qu'il arracha à la mort dont on le menaçait. Quoique ce fait paraisse nous éloigner de notre sujet, nous en dirons néanmoins quelques mots. Le Sauveur était extrêmement cher au peuple, parce qu'il recommandait la miséricorde et la bonté. Les pharisiens au contraire cherchaient toujours à le surprendre, et ne pouvaient le voir qu'avec peine, parce qu'il recevait tous les pécheurs qui venaient à lui. S'étudiant donc à tirer de sa bouche quelque parole qui pût être pour lui un sujet de condamnation ou de blâme, ils lui amenèrent une femme qu'on venait de surprendre en adultère ; et voici ce qu'ils disaient entre eux : Tentons-le sur l'article des lois, et voyons s'il ne les blessera pas pour prêcher la miséricorde. S'il prononce qu'on doit lapider cette adultère, le peuple méprisera sa doctrine, en voyant que lui-même ne l'a pas suivie. S'il dit au contraire qu'il faut lui pardonner, nous nous écrierons : C'est un ennemi de la loi ; il contredit Moïse ; il est l'ennemi de Dieu ; il mérite la mort ; il faut le lapider avec la femme adultère. S'approchant donc de lui : "Maître, lui disent-ils, cette femme vient d'être surprise en adultère : or Moïse dans sa loi, nous a ordonné de lapider les femmes qui tombaient dans ce crime. Vous donc, qu'en pensez-vous ? " A cette question insidieuse, le Sauveur, la Sagesse de Dieu, ne répond pas d'abord, et ne se hâte pas de prononcer son jugement ; mais sans se lever de son siège, et restant en face des accusateurs de cette femme, il s'incline et se met à écrire sur la terre avec son doigt leurs péchés, ne pouvant écrire les siens, puisqu'il n'en avait commis aucun. Par là le Sauveur nous a donné un exemple très utile : c'est de ne pas condamner aussitôt le prochain pour les mauvaises actions que nous apprenons sur son sujet, mais d'entrer auparavant en discussion avec nous-mêmes, pour examiner si nous ne serions pas tombés, ou si nous ne serions pas capables de tomber dans des fautes semblables, et même dans de plus grandes. Cependant les pharisiens le pressaient de leur donner son sentiment ; ils se livraient à des railleries et à des rires moqueurs, persuadés qu'il ne pourrait nullement s'échapper, et que nécessairement il aurait à se prononcer contre la justice ou contre la miséricorde. Mais il n'est point de sagesse, il n'est point de prudence, il n'est point de conseil contre le Seigneur? Jésus-Christ se lève donc, pour prononcer sa sentence, montrant par cette contenance que ceux qui veulent condamner les coupables doivent eux-mêmes être sans reproche ; il se lève et porte un jugement plein de justice, sans blesser pourtant la miséricorde : "Que celui qui est parmi vous sans péché lui jette la première pierre. " Après cette sentence, il s'incline de nouveau pour écrire sur la terre : détournant ainsi ses regards des pharisiens, afin qu'ils eussent la liberté de se retirer ; car il savait que dans ce moment ils aimaient mieux s'éloigner de lui que de l'interroger davantage. En s'inclinant et écrivant de nouveau, après avoir rendu sa sentence, il nous donne encore une autre instruction : c'est que non seulement avant de juger, mais même après que nous avons porté la sentence, nous examinions avec crainte et humilité notre conscience, pour voir si nous n'aurions pas mérité nous-même un plus sévère jugement. Les pharisiens, couverts de confusion, se retirent ; et comme il ne restait plus que la misère en présence de la miséricorde, le Sauveur se relève enfin pour prononcer une sentence conforme à sa miséricorde, comme il en avait rendu une selon la justice. "Femme, dit-il, où sont ceux qui vous accusaient ? Est-ce moi qui les es mis en fuite ? Quelqu'un vous é-t-il condamnée ? Seigneur, répond-elle, personne :" Car aucun d'eux n'est sans péché ; mais vous qui seul en êtes exempt, vous pouvez me condamner, si telle est votre volonté. Le Sauveur réplique : "Si personne ne vous a condamnée, je ne vous condamnerai pas non plus pour vos fautes passées ; allez, veillez sur vous à l'avenir et ne péchez plus."

XIII

Lazare tombe malade et meurt. Jésus est appelé.

Au milieu de l'hiver, le quinzième jour du mois de Casleu, on fit à Jérusalem la fête annuelle de la Dédicace, et le Sauveur se promenait dans le temple sous le portique de Salomon. Là, comme il enseignait le peuple et qu'il disait : "Moi et mon Père ne sommes qu'une même chose," les Juifs ramassèrent des pierres pour le lapider ; mais il sortit de leurs mains, se rendit derechef au-delà du Jourdain à Béthanie de Galilée, habitation de Marie et de Marthe, où Jean-Baptiste avait baptisé d'abord ; et il demeura dans ce lieu. Pendant ce temps, Lazare, son ami, vint à tomber malade à Béthanie de Judée, autre domaine de Marie et de Marthe, ses sœurs. Aussitôt celles-ci envoyèrent des serviteurs à Jésus, à Béthanie, au-delà du Jourdain, pour lui dire de leur part : "Celui que vous aimez est malade." Il suffit, se disent-elles, d'annoncer à un ami la maladie de son ami. Il nous aime, il aime Lazare, les difficultés ne l'empêcheront pas de secourir celui à qui il porte une tendre affection.

À cette nouvelle, le Sauveur dit : "Cette maladie n'est pas pour la fin de Lazare ; elle est ordonnée pour la gloire de Dieu, et afin que le Fils de Dieu soit glorifié par elle. Or Jésus, dit l'Évangile, aimait Marthe et sa sœur Marie et Lazare." Celui-ci était malade, celles-là étaient affligées, tous trois étaient aimés. Mais par qui ? Celui qui les aimait était Jésus qui guérit les malades, Jésus qui ressuscite les morts et console les affligés. "Jésus, dit l'Évangile, aimait Marthe et Marie sa sœur, et Lazare." O heureuse et illustre famille ! Car bien que Dieu, la vérité même, ait dit en général ; "J'aime ceux dont je suis aimé," néanmoins il en est bien peu dans les saintes Écritures qui aient le privilège d'être désignés personnellement, comme étant l'objet d'un amour spécial du Seigneur.

Lorsque le Sauveur eut donc appris la nouvelle de la maladie de Lazare, il ne partit point aussitôt, et remit à un autre temps de lui porter secours, pour le retirer des mains de la mort. C'est pourquoi il resta encore l'espace de deux jours à Béthanie de Galilée, où il se trouvait, afin de n'arriver que quatre jours après que son ami serait mort. Pendant ce temps une cruelle fièvre consumait le corps de Lazare. Les médecins ne pouvaient rien contre ce mal, tous les remèdes étaient inutiles, la maladie était donc sans espoir, à moins que le Seigneur ne voulût le guérir. Ses sœurs, assises auprès de son lit, l'assurent de son arrivée prochaine ; elles lui font espérer sa venue comme le moment de sa guérison. Mais enfin, la poitrine du malade étant desséchée par les ardeurs de la fièvre, il rend l'esprit. Alors ses bienheureuses sœurs déchirent leurs vêtements, répandent un torrent de larmes, se jettent avec désespoir sur le corps inanimé. C'était un spectacle affligeant que de les voir le visage noyé de pleurs, les yeux voilés par les larmes, remplissant les airs de leurs lamentations. Cependant, les funérailles étant faites avec une grande pompe, on emporte le corps, on le dépose dans un monument de marbre, et on arrose de larmes la pierre qui en forme l'entrée. Et comme Lazare était d'une noble extraction, qu'il était plus recommandable encore par ses mœurs d'une intégrité parfaite, sage dans ses paroles, très généreux, d'un bel esprit, tout ce qu'il y avait de personnes distinguées à Jérusalem étaient venues à Béthanie, et après avoir fait ce qui fut possible pour le soulager, elles ne purent plus qu'honorer ses funérailles de leur présence.

XIV

Notre-Seigneur reprend les apôtres effrayés du péril où il s'expose. Il les entretient du sommeil de son ami. Il loue le dévouement de Thomas et la foi de Marthe.

En même temps, après que deux jours se furent écoulés, le Sauveur dit à ses douze disciples : "Retournons en Judée." Les apôtres, effrayés pour leur propre vie, lui conseillent de ne pas se livrer ainsi à la mort, lui qui cependant n'était pas venu ici-bas pour mourir : "Maître, lui disent-ils, il n'y a que quelques jours que les Juifs cherchaient à vous lapider, et vous allez de nouveau au milieu d'eux ?" Jésus répondit : "N'y a-t-il pas douze heures dans un jour ? Si quelqu'un marche la nuit, il heurte, parce que la lumière du monde ne l'éclaire pas ; mais durant le jour il marche sans difficulté, parc qu'il voit la lumière du monde. Je suis ce jour dont je parle ; je suis la lumière du monde, et vous en êtes les douze heures. C'est à moi de vous

précéder, et à vous de venir à ma suite, comme les heures suivent le jour. Souffrez donc que je meure ; cessez de me donner conseil ; mais marchez après moi, si vous voulez éviter les occasions de chute." Après qu'il leur eut dit ces paroles, ul ajouta : "Lazare, notre ami, fort, mais je vais le réveiller de son sommeil." Les disciples lui repartirent, selon le sens qu'ils donnaient à ses paroles : "Seigneur, s'il dort, il guérira [12] ;" car le sommeil chez les malades est ordinairement un indice de guérison. Mais Jésus avait parlé du sommeil de la mort, tandis qu'eux crurent qu'il s'agissait d'un sommeil ordinaire. Il leur dit donc ouvertement : "Lazare est mort ; et je me réjouis à cause de vous, de ce que je n'étais pas là, afin que vous croyiez que rien ne m'est caché : car je sais qu'il est mort ; mais allons à lui sans différer." Là-dessus Thomas dit aux autres disciples : "Allons aussi nous-mêmes et mourons avec lui." C'est là la marque d'une affection véritable, que de vouloir vivre ou mourir avec son ami. Venait,
Bientôt Jésus-Christ arriva, et il trouva qu'il y avait quatre jours que Lazare était dans le tombeau. Comme Béthanie était proche de Jérusalem, environ à quinze stades de cette ville, grand nombre de Juifs étaient venus chez Marthe et Marie, pour les consoler de la mort de leur frère. Marthe ayant appris que Jésus venait, alla à sa rencontre, et Marie demeura dans la maison. Marthe dit alors à Jésus : "Seigneur, si vous eussiez été ici, mon frère ne serait pas mort ; mais je sais que présentement même, Dieu vous accordera tout ce que vous lui demanderez ; je sais que si vous voulez, vous pouvez lui rendre la vie. Mais c'est ce que je laisse à votre bon plaisir ; je ne vous demande pas de le ressusciter : parce que je ne prévois pas et que j'ignore s'il reviendrait quelque utilité de ce miracle, opéré en sa personne. Jésus lui dit : "Votre frère ressuscitera. Je sais, reprit Marthe, qu'au dernier jour il ressuscitera dans la résurrection générale. Jésus lui dit : " C'est moi qui suis la résurrection et la vie, et puisque je suis la vie, c'est par moi qu'il ressuscitera, et comme je le ressusciterai alors, je puis le ressusciter en ce moment, si je veux. Celui qui croit en moi, qui suis la vie, vivra, quand même il serait mort de corps ; il vivra, comme vivent Abraham, Isaac et Jacob, dont je suis le Dieu, moi dont les serviteurs sont vivants. Celui qui croit en moi est vivant même après sa mort. Celui qui ne croit pas en moi est mort, même dès cette vie, quoique vivant. Et tout homme qui pendant qu'il est dans la chair croit en moi, quoiqu'il meure pour un temps selon la chair, ne mourra pas éternellement, parce qu'il vivra dans son âme, en attendant de ressusciter dans son corps." Et après avoir dit ces paroles, il ajouta : "Croyez-vous à cette vérité ?" Il connaissait la foi de Marthe, mais il en voulait un témoignage ; car il faut croire de cœur pour obtenir la justice, et témoigner sa foi par ses paroles pour obtenir le salut. "Oui, Seigneur, lui dit-elle, j'ai cette foi, et j'ai cru que vous êtes le Messie, le Fils du Dieu vivant qui êtes venu dans ce monde, pour le salut du genre humain."

XV

Le Sauveur voyant Marie en larmes, répand lui-même des pleurs.

Après ce discours, Marthe s'en alla et appela sa sœur, lui disant à voix basse : "Le Maître est là, et il vous appelle." Ces paroles montrent que le Sauveur avait appelé Marie, quoique saint Jean, pour abréger sa narration, n'ait rapporté de cette circonstance que les paroles qui viennent d'être citées. À ce mot, que le Sauveur la demande, Marie se lève pour se rendre auprès de lui. Car Jésus n'était pas encore entré dans le bourg ; mais il était au même lieu où Marthe s'était présentée à sa rencontre. Les Juifs eux-mêmes qui étaient dans la maison avec Marie, et qui cherchaient à la consoler, voyant qu'elle s'était levée si promptement, et qu'elle était sortie, et pensant qu'elle se hâtait d'aller chercher dans ses larmes quelque soulagement à sa douleur, la suivaient en disant : "Elle va au pour pleurer." Mais Marie vient au lieu où était Jésus, et l'ayant vu, se jette à ses pieds, et lui dit : "Seigneur tombeau, si vous eussiez été ici, mon frère ne serait pas mort ;" car aucune maladie n'aurait pu se montrer devant vous, l'auteur de la vie, dans

---

[12] Pour les Juifs, cette réponse était une locution proverbiale. Ils voyaient, chez les malades qui dormaient, un indice de guérison. Les apôtres, craignant aussi pour eux-mêmes, voulaient dissuader Jésus d'aller à Béthanie et risquer de se faire tuer. "Est-il donc nécessaire d'aller nous exposer au péril de la mort pour une chose inutile ?"

une maison qui vous a offert si souvent un refuge. Dès que Jésus eut vu qu'elle pleurait, et que les juifs, qui étaient venus avec elle, pleuraient aussi, il frémit en son esprit : lui que personne que lui seul ne peut troubler, se troubla lui-même, c'est-à-dire par sa volonté, et selon sa volonté. Et aujourd'hui encore, lorsque le pécheur venant à considérer les grands bienfaits qu'il a reçus de Dieu, et la malice dont il a payé tant de bonté, frémit dans son esprit, s'afflige et se trouble, la foi excitant en lui ce frémissement à la vue de ses péchés qu'il se reproche, c'est Jésus-Christ qui frémit en lui ; c'est Jésus-Christ qui se trouble ; car la foi en Jésus-Christ, c'est Jésus-Christ lui-même habitant dans un cœur.

Jésus dit ensuite : "Où l'avez-vous mis ?" On lui répond : "Seigneur venez et voyez. " Alors Jésus *pleura*. O tendresse bien vive ! Témoignage d'un grand amour ! Marque d'une inestimable familiarité ! Qui pourrait, après cela, se former une juste idée de cette affection mutuelle qui unissait Jésus et Madeleine, et dont nous voyons une preuve dans ces douces larmes ? Je crois en effet que cet amour est incompréhensible à tout esprit humain, et aux anges eux-mêmes. Et Jésus pleura. O larmes vénérables, et dont on ne devrait parler sans en répandre soi-même ! Larmes du Fils de Dieu, qui s'échappèrent de ses paupières très pures, qui coulèrent de ses yeux divins, qui arrosèrent son visage si serein et si calme, au moment où, voyant Marie qui pleurait, il frémit en son esprit, et se troubla soi-même. Et Jésus pleura, car Jésus aimait Marthe et sa sœur Marie et Lazare. C'est pourquoi les Juifs dirent alors : "Voyez comme il l'aimait." Quelques-uns cependant disaient aussi : "Celui qui a ouvert les yeux de l'aveugle-né ne pouvait-il pas empêcher Lazare de mourir ?" Il l'a pu, mais il ne l'a pas voulu, parce que c'est un plus grand prodige de ressusciter un mort que de guérir un malade.

XVI

Jésus-Christ prie son Père et ressuscite Lazare.

Jésus, frémissant de nouveau en lui-même, vint au sépulcre. Ah ! Pécheur, qui que tu sois, qui est retenu dans la mort par tes habitudes criminelles, qu'il frémisse aussi en toi, si tu veux revenir à la vie. Ce sépulcre était une grotte, et on avait mis une pierre par-dessus. Jésus leur dit : " Otez la pierre. Seigneur, lui dit Marthe, il sent déjà mauvais : car il y a quatre jours qu'il est mort. Jésus lui répondit : Ne vous ai-je pas dit que si vous croyez vous verrez la gloire de Dieu. " Or quelle est cette gloire de Dieu ? Que là où le péché a abondé, la grâce surabonde, et que celle-là aime davantage à qui on a fait une plus abondante rémission. On ôta donc la pierre. Et Jésus alors levant les yeux en haut dit ces paroles : " Mon Père, je vous rends grâce de ce que vous m'exaucez. Pour loi, je sais bien que vous m'exaucez toujours ; mais j'ai dit ceci pour le peuple qui m'environne, afin qu'on croie que c'est vous qui m'avez envoyé." Lorsqu'il eut dit ces paroles il cria d'une voix forte. Il cria d'une voix forte, parce que celui-là se relève difficilement qui est retenu par le poids d'une mauvaise habitude ; et chez le prophète Zacharie, l'iniquité nous est dépeinte assise sur un talent de plomb. Voilà pourquoi Jésus crie d'une voix forte, pourquoi il frémit, pourquoi il se trouble, pourquoi il pleure. Et ainsi il s'écrie : "Lazare, venez dehors." Et à l'instant celui qui était mort sort plein de vie, ayant les pieds et les mains encore liés de bandes, et le visage enveloppé d'un linge [13]. C'est ainsi, que par l'endurcissement de son cœur le pécheur est lui-même captif dans les ténèbres intérieures, en attendant les ténèbres extérieures auxquelles sa damnation le dévouera.

Mais celui que Jésus-Christ dégage des liens de la mort, d'abord au-dedans par lui-même, il ordonne à ses apôtres de le délier aussitôt au dehors. Et il leur dit : "Déliez-le, et laissez-le aller." En effet c'est moi qui ai prononcé cet oracle : *Vous êtes des dieux* ; et aussi : *Gardez-vous de blessez les dieux par vos paroles* ;

---

[13] Lazare avait été tout lié et environné de bandelettes, et dans cet état, il sortit du tombeau sans le secours de personne alors qu'il ne pouvait ni marcher ni se tenir sur ses pieds, ni ramper sur les mains, ni même voir où il marchait. Ce qui ne fut pas un miracle moins étonnant que la résurrection dit St Chrysostome. Tous les témoins ne pouvaient qu'être convaincus que le corps qu'ils avaient vu mort et en putréfaction était le même qui revenait à la vie.

et encore : *Vous enverrez aux dieux l'esclave pour qu'il recouvre sa liberté*. Ceux-là donc sont dans l'erreur, qui attribuent de telle sorte à Dieu seul la puissance de remettre les péchés, qu'ils nient que l'homme puisse en être rendu participant ; et, contre la défense divine, ils blessent les dieux, en leur refusant la puissance que Dieu leur a donnée. Dieu seul est bon, disent-ils, Dieu seul fait des miracles, Dieu seul remet les péchés. Oui, sans le secours de Dieu personne n'est bon, sans lui personne ne fait des miracles, sans lui personne ne peut remettre les péchés. Hé quoi ! Si personne n'est bon que Dieu seul, si personne ne fait des miracles que Dieu seul, si personne que lui ne remet les péchés, celui-là ment donc qui dit du juste Joseph : c'était un homme bon et juste ? Pareillement celui qui avance, en parlant d'un saint homme, qu'il a fait des miracles dans sa vie ? Ou Jésus-Christ lui-même qui dit : *Les péchés seront remis à ceux à qui vous les remettrez ?* Sans doute ils n'ont pas menti. Car si ce que l'homme fait avec l'aide de Dieu, c'est Dieu qui le fait par l'homme : à bien plus forte raison peut-on et doit-on dire que l'homme fait lui-même ce que Dieu fait par lui. En effet, Dieu n'a pas dit à saint Pierre: Ce qui d'abord aura été délié dans le ciel, vous le délierez ensuite sur la terre ; mais tout au contraire. Donc la sentence du ciel ne précède pas, mais elle suit la sentence de Pierre. Donc, en donnant à l'homme, comme il l'a fait, le pouvoir de remettre les péchés, Dieu ne fait pas autre chose que de les remettre lui-même par l'homme. Toutefois, si le pécheur se repent véritablement de ses péchés, et que néanmoins il ne puisse recourir à la confession, je le prononce avec assurance, le souverain prêtre mortel n'a pu remplir, et Dieu tient pour fait ce que l'homme a voulu véritablement faire, quoiqu'il n'ait pu l'accompli, pourvu cependant qu'il n'ait pas rejeté la confession par mépris, mais que la nécessité l'ait empêché d'y avoir recours.

XVII

Marthe sert pendant le repas ; Lazare y assiste ; Marie fait l'onction des pieds.

Plusieurs d'entre les Juifs qui étaient venus voir Marie et qui avaient vu le prodige que Jésus avait opéré, crurent en lui. Quelques-uns cependant parmi eux allèrent trouver les pharisiens et leur racontèrent ce grand miracle. Les princes des prêtres et les pharisiens se réunirent donc dans une assemblée, et ce fut là que le grand prêtre Caïphe prophétisa que Jésus devait mourir Pour la nation juive. C'est pourquoi dès ce jour ils pensèrent à le faire mourir ; non qu'ils n'y eussent songé déjà ; mais c'est dès lors que le dessein en fut arrêté. C'est pourquoi Jésus ne se montrait plus en public parmi les Juifs ; il se retira dans une contrée près du désert, en une ville nommée Ephrem, où il se tenait avec ses disciples. Or la pâque, la grande fête des Juifs étant proche, les princes des prêtres donnèrent ordre que si quelqu'un savait où Jésus était, il l'indiquât, afin qu'on se saisit de lui. Mais sachant bien qu'ils avaient conspiré contre lui, Jésus, comme un agneau qui se rend au lieu du sacrifice, retourna néanmoins à Béthanie près de Jérusalem, six jours avant la fête de Pâques, pour être immolé la sixième férie suivante, et être crucifié à la sixième heure du jour, lui qui avait créé toutes choses en six jours, qui avait formé l'homme le sixième jour de la création, qui était venu au sixième âge du monde, pour racheter le genre humain. C'était le jour solennel du sabbat, et on lui servit un repas à Béthanie, dans la maison de Simon le Lépreux [14], qu'il avait depuis longtemps guéri de la lèpre. Jésus se mit donc à table, ainsi que ses douze apôtres, et un grand nombre de personnes qui s'étaient réunies. Lazare était parmi les convives, circonstance qui devait prouver qu'il était véritablement vivant, et non pas un fantôme. La bienheureuse Marthe, selon sa coutume, servait à table, pourvoyant à tout avec abondance, pleine de joie et d'un grand cœur. Quant à Marie-Madeleine, la première de toutes les suivantes de Jésus-Christ, elle ne s'oublia pas elle-même dans cette rencontre. Son grand zèle et son ardent amour pour Jésus-Christ ne lui permettait pas de demeurer oisive. Elle prit une livre de parfum

---

[14] Ce Simon avait été autrefois atteint de lèpre mais était guéri (sans doute par Jésus) car la loi de Moïse interdisait aux Juifs de manger avec un lépreux. Une église avait été construite sur le lieu de sa maison.

précieux [15], et s'approchant du Sauveur avec le plus profond respect, elle le répandit sur les pieds du Sauveur pendant qu'il était à table. C'était un parfum pur et fidèlement préparé, et non altéré par aucun mélange faux d'herbes ou de racine étrangères, comme font ordinairement les parfumeurs qui s'accordent à tromper l'odorat et la vue tout ensemble. Il était composé de nard, arbrisseau aromatique dont la plante a une odeur aussi désagréable que celle du souchet ; sa racine est pesante et massive, et aisée à rompre, quoique grosse ; elle est âpre au goût, sa feuille petite et touffue. Ce parfum était formé des épis du nard ; les extrémités de cet arbuste se terminent en épis, que les amateurs de parfum estiment fort, aussi bien que les feuilles. Or le parfum que Marie avait préparé pour le Messie n'avait pas été composé de la racine du nard seulement ; mais pour qu'il fût plus précieux, on y avait ajouté les épis et les feuilles, dont il joignait ainsi l'odeur et la vertu à ses qualités ordinaires. C'était donc un parfum précieux : car le nard tient le premier rang entre tous les parfums ; et celui-ci étant le nard des Indes, était encore au-dessus des autres pour son prix, et digne d'être répandu sur les pieds et sur la tête du Sauveur, comme le témoignent trois évangélistes, saint Matthieu, saint Marc et saint Jean.

Marie répand donc ce nard précieux sur les pieds du Sauveur ; elle ose toucher elle-même ces pieds sacrés, elle y étend le parfum de ses propres mains, et les en couvre de toute part ; après quoi, elle les environne doucement avec ses cheveux, dont l'éclat avait autrefois fait briller sa beauté. Appliquant ensuite ces pieds sacrés sur sa bouche, et sur sa poitrine, elle les essuie délicatement ; et enfin les serrant contre son sein, elle les y tient longtemps avant de les quitter.

XVIII

Marie oint la tête de Jésus-Christ : Judas s'indigne ; Jésus fait l'éloge de Marie.

Mais c'est peu que ces premières familiarités de Marie à l'égard du Sauveur, en comparaison de ce qui suit. Après qu'elle a oint ainsi les pieds, sentant son cœur embrasé du feu de l'amour immense qu'allumait dans elle celui dont elle se faisait la servante ; se fiant d'ailleurs à la familiarité qu'elle avait acquise avec son Dieu, et s'y fiant à juste titre : car, si je ne me trompe, elle avait été admise plusieurs fois à rendre au Sauveur les mêmes devoirs ; elle s'approche du Sauveur avec révérence, adorant cette tête sacrée que vénèrent les anges, les archanges, les principautés et les puissances ; et séparant la chevelure avec ses doigts, elle rompt le vase d'albâtre [16], et répand sur le sommet de la tête du Fils de Dieu [17], Dieu tout-puissant lui-même, ce qui restait de nard. Ensuite, passant ses mains sur les cheveux, elle en imbibe les boucles avec les gouttes de ce nard ; et, comme une habile parfumeuse, elle étend avec beaucoup de délicatesse et d'adresse, jusqu'au front et aux tempes et aussi aux endroits voisins du cou, cette liqueur consacrée par un si saint usage. Ainsi Marie accomplit-elle par cette religieuse action ce que le roi Salomon avait autrefois chanté en son nom dans les cantiques de l'amour : *Lorsqu'il était sur sa couche, mon nard a répandu sa suave odeur.* Quelle exquise odeur durent respirer alors les mains et les lèvres de Marie, après ainsi avoir touché les pieds de Jésus-Christ, dont les parfums célestes surpassent toutes les senteurs

---

[15] Cette mesure de poids était de corne, divisée en douze parties égales, chacune correspondant à la mesure d'une once.

[16] L'albâtre destiné à renfermer certains parfums, à la propriété de les conserver sans corruption. Ces vases n'étaient que pour les personnes de haute condition ; Hérodote rapporte que Cambyse, roi de Perse, envoya au roi d'Éthiopie un de ces vases plein de parfums. On montrait jadis dans l'église St Victor à Marseille un vase d'albâtre qu'on y honorait comme celui dont Ste Madeleine s'était servie pour oindre le Sauveur. C'était une urne cinéraire cannelée trouvée dans les terrains de l'ancien cimetière auprès de St Victor. On la voyait dans l'église supérieure et présentée comme la boite de sainte Madeleine, ornée de deux anses formées chacune par deux serpents entrelacés par le milieu du corps et dont les deux têtes se regardent. Mais ce vase conservé à St Victor n'avait pas été rompu et ne pouvait donc être celui ayant servi à l'onction.

[17] Les anciens chroniqueurs, qui pouvaient mieux juger, confirment l'onction selon l'ordre marqué par saint Jean : d'abord sur les pieds, puis ensuite sur la tête.

de la terre ! Toute la maison fut remplie de ce parfum, comme le monde devait l'être du bruit de cette action religieuse. Quelle ne fut pas alors dans le cœur de Marie l'abondance des dons du Saint-Esprit, lorsque Dieu, le Père des lumières, lui accorda cette faveur terrestre, de jouir d'une telle familiarité avec son Fils ? Combien aussi la dévotion de Marie ne fut-elle pas agréable au Fils de Dieu ? Combien alors son amour lui fut cher, et combien il se plut à se voir rendre ces hommages ? C'est ce que nous apprennent les évangélistes, au sujet de Judas Iscariote. Lorsque ce disciple, disent-ils, sentit cette odeur précieuse, que répandaient les pieds et la tête du Sauveur, à cause du baume dont ils étaient encore oints, il fut indigné et dit d'une voix qui s'accordait bien avec les sentiments de ce traître : "Pourquoi donc cette perte ? Ce parfum aurait pu être vendu fort cher, et l'argent en être donné aux pauvres." Et il entrait en fureur contre Marie, accomplissant en sa personne ce que David dit : *Le pécheur verra et se mettra en colère, il grincera des dents, et sèchera de dépit.* C'est qu'il était possédé du démon, et occupé de desseins de ténèbres, lui qui cachait sous l'apparence du zèle pour les pauvres les sentiments de son avarice. Car quand il disait ces paroles, ce n'est pas qu'il se souciât des pauvres ; mais c'est qu'étant voleur, et chargé de la bourse, il abusait de sa charge, et prenait pour lui ce qu'il ne devait avoir que pour tous.

Le Seigneur ne voulut pas souffrir plus longtemps le frémissement de ce traître. Toutefois, il ne l'accuse pas d'avarice ; mais comblant de louanges celle qui venait de lui témoigner ainsi son amour, et faisant allusion à sa mort prochaine : "Laissez-la faire, dit-il, afin qu'elle en ait encore pour le jour de ma sépulture ;" donnant secrètement à entendre qu'il savait d'avance que Marie viendrait bientôt avec des parfums pour oindre son corps ; dessein qu'elle a accompli, non en réalité, mais en désir. Car Dieu compte pour fait ce que vous voulez faire et ne pouvez exécuter. Or, dans le festin, tous les autres convives avaient les yeux fixés sur Marie et l'esprit occupé d'elle. Considérant sa conduite avec étonnement, ils admiraient sa familiarité et sa tendresse à l'égard du Sauveur, et louaient son amour et son dévouement pour lui. Quelques-uns, cependant, persuadés par les paroles de Judas, partageaient sin indignation, non pas toutefois par même motif qui avait fait parler ce traître, mais avec une intention simple et à cause du soulagement des pauvres. "Pourquoi, dirent-ils, ne pas vendre plutôt ce parfum trois cents deniers, et ne pas donner cet argent aux pauvres ?" Mais sur-le-champ le Sauveur les arrête : "Laissez-la faire, dit-il, pourquoi lui faire cette peine ? Ce qu'elle a fait à mon égard est une bonne œuvre. Car vous aurez toujours avec vous des pauvres, et lorsque vous voudrez leur faire du bien, vous en aurez la liberté ; mais vous ne m'aurez pas toujours parmi vous. Elle a fait ce qu'elle a pu, elle a embaumé ma tête par avance pour ma sépulture ; en répandant ce parfum sur mon corps, elle l'a fait pour m'ensevelir, et m'a rendu par avance les devoirs de la sépulture [18]. Et en vérité je vous le dis, partout dans l'univers où cet Évangile sera prêché, on racontera à la louange de Marie ce qu'elle vient de faire pour moi."

XIX

La foule vient au-devant de Jésus-Christ. Il pleure ; il a faim ; et pourquoi il revient tous les jours à Béthanie.

Comme Jésus était à Béthanie, une grande foule de Juifs ayant appris qu'il était là, s'y rassembla, amenée par la curiosité et non par amour pour lui, c'est-à-dire non par affection pour le Sauveur, mais afin de voir Lazare qu'il avait ressuscité. D'un autre côté, comme plusieurs, à cause de ce miracle, se séparaient des Juifs et croyaient au Sauveur, les princes des prêtres songèrent à tuer Lazare, comme si le Sauveur, qui

---

[18] Le nard utilisé était donc de très grand prix, comme l'avait remarqué Judas. On ne s'en servait pas pour les embaumements ordinaires, seulement pour les princes et les monarques. D'ailleurs, Joseph d'Arimathie et Nicodème n'emploieront qu'un mélange de myrrhe et d'aloès dans la sépulture du Seigneur. Cette onction de Béthanie, six jours avant Pâques, fut à l'origine d'une pieuse coutume pratiquée autrefois à Rome : le samedi précédant les Rameaux, le Souverain-Pontife distribuait une aumône plus considérable qu'à l'accoutumée en mémoire de sainte Marie-Madeleine qui répandit sur les pieds du Sauveur une livre de parfums. Comme, au langage de St Paul, les chrétiens composent le corps mystique du Sauveur et sont appelés ses membres, on marque dans le livre *De divinis Officiis* que le Pape, ce jour-là, fait à l'égard des membres du Sauveur ce que sainte Madeleine pratiqua à l'égard du chef (la tête) lui-même.

l'avait ressuscité lorsqu'il était mort depuis quatre jours, n'eût pas pu, si on l'eût mis à mort, lui rendre encore la vie. Le lendemain le Sauveur étant monté sur un ânon, descendit la montagne des Oliviers, au milieu des cris d'acclamation des peuples qui lui offraient des palmes sur son passage ; et jetant les yeux sur Jérusalem, il pleura sur elle. Étant ainsi entré dans la ville, il se rendit au temple, et en chassa les changeurs et les marchands ; il guérit encore des aveugles et des boiteux, et disputa avec les princes des prêtres. Et après tant de larmes répandues sur la ruine de Jérusalem, image de l'âme qui marche à sa perte ; après ce cri d'acclamation tant de fois répété : *Gloire au Fils de David* ; après la pompe de ce cortège qui jetait sur son passage des vêtements, des feuillages et des fleurs ; après tant de miracles ; après qu'on avait vu briller sur sa face l'éclat éblouissant de la divinité qui dissipa et remplit d'effroi tous les marchands ; enfin après qu'il eut enseigné et disputé si longtemps, JÉSUS, malgré ce grand concours de peuples qui s'étaient rendus à Jérusalem pour la solennité, ne trouva point un lieu où il pût reposer sa tête. Et lorsque le soir fut venu, considérant tout ce monde, il semblait regarder si quelqu'un ne l'inviterait pas à se retirer chez lui. Or telle était sa pauvreté, et il avait été toujours si éloigné de se faire le flatteur de personne, que dans une si grande ville il ne put trouver une seule maison pour y passer la nuit. Il regagna donc le mont des Oliviers avec ses douze apôtres, afin d'aller chercher à Béthanie, auprès du bienheureux Lazare et de ses sœurs, l'hospitalité qu'il n'avait pas eue à Jérusalem.

Étant sorti le lendemain, et se sentant pressé par la faim, ou plutôt excitant en lui ce sentiment, il vit un figuier près du chemin, et s'en approcha pour voir s'il y trouverait quelques fruits ; mais n'y trouvant que des feuilles, il donna à cet arbre sa malédiction, disant : *Que jamais aucun fruit ne naisse sur ses branches*. Pendant tout ce jour il enseigna dans le temple. Lorsque le soir fut venu, il retourna encore à Béthanie chez Marthe et Marie. Le lendemain matin, qui était la troisième férie, il se rendit de nouveau à la ville. Ses apôtres étaient avec lui, et ils remarquèrent que le figuier qu'il avait maudit était desséché et aride. Il avait fait cette prière pour donner un exemple à ses apôtres, et leur montrer quelle confiance on doit avoir d'obtenir tout ce qu'on demande avec foi, quand même on voudrait transporter les montagnes. Et le soir étant arrivé, il quitta la ville, et regagna son asile ordinaire. La quatrième férie, JÉSUS se rendant de grand matin dans le temple, entretint longuement ses apôtres sur la fin du monde, et pendant ce temps Judas Iscariote promit aux princes des prêtres de le leur livrer. Enfin le Seigneur, en terminant ses prédications de ce jour, parla ainsi à ses disciples : "Vous savez qu'au bout de deux jours (c'est-à-dire demain) la pâque de l'agneau figuratif aura lieu, et aussitôt après l'agneau véritable, le Fils de DIEU, sera livré pour être crucifié le troisième jour." Après ces paroles, la fin du jour arrivant, il sortit du temple et retourna à Béthanie, afin d'y loger pour la dernière fois avec ses serviteurs et amis Lazare, Marie et Marthe : semblable en cela au faon, qui à quelque distance qu'il soit allé durant le jour, retourne le soir à son ancien gîte. Ainsi le Sauveur voyant arriver sa passion, et bientôt après son ascension, retourne à Béthanie, qui signifie maison d'obéissance, insinuant par-là que la vertu d'obéissance est par-dessus tout ce qu'il demande de ses amis.

XX

Après la cène, JÉSUS-CHRIST est trahi, garrotté, et conduit à ses ennemis chargé de liens. Les apôtres prennent la fuite ; Pierre le renie ; Marie lui demeure attachée.

Le cinquième jour qui était le premier des azymes, JÉSUS dit le dernier adieu à ses bien-aimés hôtes Lazare, Marie et Marthe, et le soir étant venu, il fut cette Cène à Jérusalem avec ses douze disciples. Ce fut cette cène célèbre, cette bienheureuse cène, dans laquelle il lava les pieds à ses apôtres, et du pain et du vin il produisit son corps et son sang. La trahison et la passion du Sauveur suivirent incontinent. L'un de ses douze apôtres le livra par un baiser dans un jardin, au-delà du torrent de Cédron, à la cohorte et aux serviteurs des princes des prêtres qui le suivaient en armes à la lueur de lanternes et de torches. Au moment où on l'amena chargé de chaînes, tous ses disciples l'abandonnant prirent la fuite ; mais le dévouement de Marie-Madeleine ne se démentit pas. Tandis qu'il se voyait ainsi abandonné des siens par la trahison de Judas, le reniement de Pierre et la défection des autres apôtres, celle-ci montra qu'elle lui était liée par le fond du cœur ; toujours le Rédempteur la vit à ses côtés, comme témoin de son courage. Oh ! Qui pourrait exprimer la douleur du cœur de Marie et l'amertume de son âme ! Ses entrailles se soulevaient lorsqu'elle voyait son bien-aimé livré par un baiser, chargé de chaînes et conduit au palais du pontife Anne ; lorsqu'elle le voyait là, accusé, interrogé, jugé ; lorsqu'on demandait sa mort à grands cris comme celle d'un criminel ; qu'on lui crachait au visage ; qu'on le soufflletait ; qu'on voilait ses yeux ; que chacun le frappait et le maudissait. Qui pourra raconter les lamentations et les larmes avec lesquelles Marie accompagna son bien-aimé de la maison du pontife au prétoire du gouverneur Ponce-Pilate ; et ensuite du prétoire de ce magistrat, au palais du roi Hérode ! Qui dira ses sanglots et ses divers cris de douleur, lorsqu'elle le vit accuser par les pontifes devant Hérode, interrogé par ce prince, méprisé par ses soldats, moqué par sa cour, et renvoyé, vêtu d'une robe blanche, à l'audience du gouverneur ! Qui se rappellera sans verser des larmes, les larmes si abondantes que Marie répandit, lorsqu'elle le vit au pied des tribunaux, garder le silence devant ses accusateurs ; lorsqu'elle vit les princes des prêtres l'accuser opiniâtrement, le gouverneur l'excuser longtemps, travailler pour sa délivrance, prouver son innocence de toutes manières, demander avec beaucoup d'instance, qu'au moins en considération du respect dû au jour de Pâque, il fût délivré ; et de leur côté les princes des prêtres s'opposer à ce dessein, intercéder pour le larron Barabbas, et jeter contre Jésus ces cris : *Crucifiez-le, crucifiez-le*.

Elle s'accrut encore, cette douleur, et parut toute nouvelle, lorsqu'elle vit son Seigneur dépouillé de ses habits, attaché à une colonne, déchiré par les fouets dans tout son corps : ce qu'atteste cette colonne même, à laquelle il fut lié, car on y voit encore aujourd'hui des traces du sang du Sauveur [19]. Mais l'affliction de Marie et l'amertume de son âme, furent à leur comble lorsque Pilate prononça que la demande des princes des prêtres serait accomplie ; en ce moment où les soldats convoquant toute la cohorte adorèrent ironiquement et saluèrent par dérision Jésus-Christ, revêtu de pourpre, couronné d'épines, et tenant en main un roseau au lieu de sceptre ; lorsqu'ils l'abreuvèrent de fiel et de vinaigre, qu'ils le frappèrent à la tête avec le roseau ; qu'ils lui crachèrent au visage, et qu'enfin lui ôtant ce manteau de pourpre, ils lui remirent ses propres habits, pour le conduire au supplice. Chargé de sa croix, Jésus sortit et parcourut la ville couronné d'épines. À sa suite marchaient la Reine du ciel et ses parentes, ainsi que Marie-Madeleine et les autres femmes qui pleuraient sur lui et se répandaient en lamentations. Ces femmes qui s'étaient attachées à lui étaient non-seulement de la Galilée, mais encore de la Judée et de Jérusalem. Jésus se tourna vers ces femmes si dévouées, et portant sur elles ses regards, leur dit : "Filles de Jérusalem, cessez de pleurer sur moi ; mais pleurez sur vous-mêmes et sur vos enfants : car si on traite ainsi le bois vert, que fera-t-on du bois sec ?"

XXI

Jésus-Christ est attaché à la croix ; Marie est à ses côtés. Il est détaché de la croix et mis dans le linceul ; Marie y est encore présente.

L'amour est fort comme la mort : Marie voit la passion de son Seigneur, son dévouement n'en est pas moins ébranlé : on le mène pour le crucifier, Marie marche à sa suite et témoigne son affection par les larmes qu'elle répand. On élève Jésus-Christ en croix, Marie pousse des cris lamentables, semble être elle-même crucifiée. Jésus-Christ sur sa croix est percé de clous, le cœur de Marie est percé d'outre en outre par les traits mortels de sa douleur. Jésus-Christ est insulté par les princes des prêtres, il est moqué par les

---

[19] La flagellation précédait toujours le crucifiement ; elle se faisait parfois sur le chemin que le criminel faisait pour se rendre au lieu du supplice ; d'autre fois c'était avant de partir, et alors, on attachait le patient à une colonne. Cette circonstance est attestée par les anciens (St Jérôme, Bède, Adamnan, etc.) et par le culte rendu à la sainte colonne dans tous les siècles. Raban s'était d'ailleurs rendu en Palestine avant d'être abbé de Fuld et avait lui-même vénéré cette colonne.

soldats, accablé de paroles outrageantes par les larrons, blasphémé par les passants, qui remuent la tête avec menace [20], et crient contre lui : *Vah !*... Pendant ce temps il prie son Père pour ceux qui le crucifient. Mais au milieu de ces horreurs, quelles angoisses pour l'âme de Marie ; quels sanglots, quels soupirs, lorsqu'elle voyait au milieu des voleurs et dans les tourments de la croix celui qu'elle aimait uniquement, dont elle était si aimée ! Néanmoins elle eut la force de considérer de ses yeux toutes ces tortures malgré leur violence, malgré leur durée, malgré son amour. Mais de quelle amertume, de quelle anxiété elle fut pénétrée intérieurement, lorsqu'elle entendit le Messie s'écrier de la croix : *J'ai soif* ; lorsqu'elle vit mettre au bout d'un roseau une éponge trempée d'absinthe et de vinaigre, de myrrhe et de fiel ; lorsqu'elle vit enfoncer ce bâton d'hysope dans l'éponge ; lorsqu'au moyen du roseau, on approcha cette éponge de la bouche du Sauveur ; que l'on appliqua à ses lèvres le bâton d'hysope, et qu'après avoir goûté ce breuvage, le Sauveur refusa d'en boire ! Enfin une nouvelle circonstance redouble encore l'affliction de Marie : elle entend le Fils de Dieu dire, du haut de sa croix, le dernier adieu à sa mère, et en donner le soin à saint Jean, alors âgé de vingt-trois ans ; elle l'entend répéter ces paroles déchirantes : *Eloï, Eloï !* S'écrier que tout est consommé, et remettre son âme entre les mains du Père ; après quoi, poussant un grand cri, il expire au moment qu'il avait fixé lui-même. Et après l'obscurcissement du soleil, après les trois heures de ténèbres, après que le voile du temple se fut déchiré, après le tremblement de terre, la rupture des pierres, l'ouverture des tombeaux, après le départ du centurion et de la multitude ; lorsqu'elle vit que les soldats qu'on avait envoyés rompaient les jambes des larrons encore vivants, qui peut douter que Marie n'ait encore été saisie de la crainte la plus vive, en pensant qu'on allait traiter de même le Sauveur ? À l'instant même sa douleur passa toutes bornes, lorsque l'un des soldats perça le côté du Sauveur d'un coup de lance, et qu'aussitôt de l'intérieur de sa poitrine déjà froide il sortit du sang et de l'eau. Oh ! Combien elle bénit l'arrivée de l'illustre Joseph d'Arimathie et de Nicodème prince (des prêtres), qui se disposaient à embaumer le Seigneur, avec cent livres de myrrhe et d'aloès ! Oh ! Qu'elle fut consolée de voir retirer les clous des pieds et des mains du Sauveur, mettre le corps par terre, l'embaumer, l'envelopper de linges, et envelopper la tête d'un suaire ! À toutes ces circonstances Marie fut présente, Marie les vit de ses yeux, et les accompagna de ses larmes et de déchirantes et inconsolables plaintes.

XXII

Jésus-Christ est enseveli. Marie achète des parfums.

Il y avait auprès du lieu où Jésus fut crucifié un petit jardin près de la ville, dans lequel Joseph, ce noble décurion, avait fait tailler pour lui-même un tombeau. Il était de forme ronde, dans un rocher de couleur rouge et blanche, et assez élevé pour qu'un homme debout sur le pavé en pût à peine toucher la partie supérieure en élevant la main. L'entrée et la porte du monument étaient situées à l'orient ; du côté du nord et au-dessus du pavé du monument était un mausolée, taillé dans cette roche même et long de sept pieds [21]. La partie nord du monument qui touchait au mausolée était solide et sans aucune ouverture ; mais la cavité s'étendait vers le midi, dont tout le côté était vide. Le corps du Sauveur ayant été embaumé et enveloppé de linges, on le fit entrer d'abord par le côté de l'orient dans le monument ; et du monument, c'est-à-dire de la partie qui regardait le midi, il fut mis dans le mausolée. On le coucha sur le dos, la tête étant du côté du couchant, le côté gauche vers la partie solide du mausolée qui regardait le nord, et le droit vers la partie vide du midi. Ayant fait toutes ces choses en toute célérité, de peur que le premier soir du sabbat ne les surprît dans cette occupation, ils sortirent du monument, en répandant beaucoup de

---

[20] Chez les Hébreux, ce mouvement de tête était quelquefois un signe de dérision, comme on le voit dans plusieurs livres de l'Ancien Testament.

[21] Raban distingue le *monument* du *mausolée*, comme le faisaient les anciens auteurs dans les descriptions qu'ils nous ont laissées du saint sépulcre. Arculfe, évêque Gaulois qui visita la Palestine avant 705, précise que le *monument* était la chambre taillée dans le roc à l'entrée de laquelle on roula une énorme pierre, et que par *sépulcre*, ou *mausolée*, il fallait entendre le lieu particulier où le corps de Jésus fut déposé.

larmes, et le cœur en proie à la douleur. Les hommes qui étaient là présents roulèrent une grande pierre pour fermer l'entrée du monument, et retournèrent ensuite dans leurs maisons. Mais Marie-Madeleine, avec ses compagnons, restant devant le tombeau, donnaient un libre cours à leur douleur et à leurs larmes. Enfin, après avoir remarqué avec attention la situation du tombeau, qu'elles se proposaient de visiter souvent, elles allèrent dans le quartier marchand de la ville, chez les parfumeurs, et achetèrent les parfums et les baumes très précieux, et les gardèrent dans leurs maisons jusqu'au second soir du sabbat. Car quoiqu'elles fussent inconsolables dans leur douleur, et qu'elles remplissent tout de leurs lamentations, néanmoins l'excès de leur tristesse ne put effacer de leurs esprits le souvenir de la religion qu'elles aimaient : c'était en effet le jour de la préparation du sabbat, et déjà ce dernier jour commençait. Cependant les pontifes engagèrent Pilate à mettre des gardes au sépulcre, *de peur*, disaient-ils, *qu'on n'accréditât une seconde erreur, plus grande que la première. Faites votre affaire de la première comme de la seconde erreur*, repartit Pilate : *qu'il vous suffise que je me soit conformé à vos désirs en le condamnant à la mort. Vous avez des gardes à votre disposition, employez-les si bon vous semble.* Les Juifs donc se retirant, mirent des gardes au tombeau, et appliquèrent le sceau sur la pierre qui en fermait l'entrée.

XXIII

Comment Marie observe le jour du sabbat que Jésus passe dans la sépulture. Préparation des parfums et manière de compter les jours.

Le jour où la chair du Sauveur, après tant et de si grands tourments, se reposait dans l'espérance de la résurrection, sans éprouver la corruption la plus légère, ce jour était le grand jour du sabbat. Marie-Madeleine, selon la coutume, observa ce jour, et, comme dit l'Évangéliste elle garda le silence, insinuant qu'elle suspendit non point ses paroles, mais ses sanglots et ses larmes, qui n'auraient pu compatir avec l'observation du sabbat. Mais dès que le soir de ce jour qu'elle attendait fut venu, réunie à Johanna, à Susanne et aux Maries ses compagnes, elle se mit alors à rompre des parfums très précieux. On n'eût pu s'empêcher d'admirer la force d'âme que cette femme faisait paraître, en accomplissant par cette action ce que le roi Salomon avait chanté dans sa personne : *Mes mains distillent la myrrhe, mes doigts sont remplis de myrrhe et d'aloès, et des parfums les plus exquis.* Pendant tout ce travail, son cœur, vivement ému au souvenir de son bien-aimé, lui faisait répandre des pleurs continuels, et son amour s'animant de plus en plus dans son âme, elle était forcée de se soulager par des torrents de larmes. Vous l'eussiez vue en arroser les épis de nard, qu'elle ne pouvait rompre qu'en poussant des sanglots. Vous eussiez vu ses larmes mêlées aux parfums, et ses mains toutes baignées par l'abondance qu'en versaient ses paupières : rosée précieuse, et dont les gouttes étaient certainement plus chères et plus agréables à Dieu que l'aloès et tous les autres parfums.

Qu'elle fut fameuse, qu'elle fut illustre et éclatante cette nuit de la résurrection du Seigneur, sanctifiée par des soins si pieux de Marie et de ses compagnes pour préparer ces parfums destinés à l'embaumement du Sauveur ! Aussi est-ce dès lors que Dieu, Créateur des jours, voulut qu'on changeât l'ancienne manière de les compter, en les faisant commencer désormais le matin au lieu du soir [22].

XXIV

---

[22] L'explication mystique de Raban est fondée sur ces paroles : *Le soir du sabbat qui lui le premier jour de la semaine*, est suffisamment autorisé par St Pierre Chrysologue, Bède le Vénérable et d'autres, et ne contredit pas la lettre du texte qui ne désigne pas autre chose que *la nuit-même du sabbat au dimanche* car le soir (*vesper*) se prend quelquefois pour toute la nuit, dont il est le commencement, la partie étant alors prise pour le tout. *Le soir du sabbat* signifie donc ici la même chose que *la nuit du sabbat*.

Jésus-Christ ressuscite ; un ange descend du ciel ; les Maries courent au sépulcre.

Après ce samedi si rempli de tristesse, commença donc le jour heureux : le soleil montait en droite ligne des régions de l'orient, et éclairait déjà le ciel de ses premiers feux, annonçait sa venue par les lueurs vermeilles de l'aurore, lorsque, dans ce même temps, le véritable Soleil de justice, Jésus-Christ se leva victorieux des enfers ; et à cette heure qu'il avait fixée lui-même, il sortait de la région des morts revêtu d'immortalité. Au même moment, il se fit un grand tremblement de terre, et beaucoup de corps de saints personnages, qui s'étaient endormis du sommeil de la mort, ressuscitèrent aussi.

Sur ces entrefaites, Marie-Madeleine, à jamais célèbre par sa piété envers le Sauveur, après avoir préparé avant le point du jour des parfums précieux les plus exquis, rempli ses vases d'albâtre des liqueurs aromatiques les plus pures, liqueurs précieuses, dignes par leur valeur de conserver celui qui valait plus que le monde, et suffisantes, par leur abondance, pour embaumer son divin corps. Et de très grand matin avant même que les ténèbres eussent été dissipées, prenant dans ses bras ses parfums, elle vint en très grande hâte au tombeau du Sauveur, trouvant trop longs les plus courts instants : car l'ardeur de son amour n'avait souffert qu'avec peine les retardements de la nuit. À la suite de Madeleine, la première des servantes du Sauveur, venaient les autres, savoir : Marie Cléophé et Marie Salomé, Johanna et Susanne, et d'autres avec elles, portant chacune les parfums qu'elles avaient préparés.

Les évangélistes, en racontant leur visite, nous les montent auprès du tombeau, dans des moments différents. Il n'y a là ni tromperie ni inadvertance de leur part ; mais ils l'ont fait à dessein, pour nous donner à connaître l'empressement et le zèle de ces saintes femmes qui accourent fréquemment et qui reviennent, qui s'en vont et qui retournent encore, et ne peuvent souffrir d'être longtemps absentes ou trop éloignées du sépulcre du Sauveur. De peur donc qu'il ne m'arrive de m'éloigner tant soit peu du sens des évangélistes, ce qu'à Dieu ne plaise, j'ai eu soin de rapporter les paroles de chacun d'eux, après les avoir désignés par leurs noms. J'ai jugé plus à propos d'en user ainsi, à cause de quelques commentateurs qui, dans leurs écrits, réunissent tellement les apparitions des anges rapportées diversement par chacun des évangélistes, que c'est à peine s'ils admettent deux apparitions d'anges aux Maries, au lieu de trois ou quatre ; comme si c'était une chose impossible à Dieu, ou qu'il fut peu convenable de penser que dans une si grande solennité il y eut six anges au moins auprès de Jésus-Christ, ou qui apparussent aux saintes femmes ; l'un qui était assis hors du tombeau, selon saint Matthieu ; un autres assis au-dedans, selon saint Marc ; deux qui étaient assis et apparurent à Madeleine seule, selon saint Jean ; deux enfin qui apparurent à Madeleine et aux saintes femmes, selon saint Luc.

Saint Matthieu. Le jour du sabbat finissant, le premier jour de la semaine suivante commençait à paraître (la manière de compter les jours est ici changée par l'évangéliste pour la gloire de la résurrection) : Marie-Madeleine et une autre Marie vinrent voir le sépulcre.

Saint Marc. Marie-Madeleine, Marie Jacobé et Marie Salomé vinrent au sépulcre le premier jour de la semaine de grand matin, lorsque Jésus-Christ, le Soleil de justice, était déjà levé du tombeau où sa chair avait reposé ; et elles se disaient l'une à l'autre : Qui roulera pour nous la pierre qui est devant l'entrée du sépulcre ; car cette pierre était fort grande. Et comme elles approchaient du sépulcre, et qu'elles regardaient, elles virent cette pierre renversée de manière à faire voir que le Sauveur qui était entré dans le monde en quittant le sein de la Vierge sans violer le sceau de sa virginité, était sorti du tombeau, sans forcer l'entrée, et sans rompre les sceaux du pontife ; car c'est pour cela qu'il est ajouté : ce fut un ange qui renversa la pierre, et il se tenait assis dessus. Les gardes, à son aspect, furent tellement saisis de frayeur, qu'ils devinrent comme morts ; son visage était en effet brillant et terrible comme l'éclair, ses vêtements égalaient par leur blancheur celle de la neige.

XXV

*Marie amène Pierre et Jean au tombeau. Les saintes femmes voient un ange au dehors,
un autre au-dedans qui leur adresse la parole.*

Saint Jean. Marie-Madeleine étant venue au sépulcre de grand matin, lorsqu'il était encore nuit, elle vit que la pierre en avait été ôtée. Craignant alors que ce corps si cher n'eût été enlevé, comme semblait l'indiquer les linges qui restaient, elle est inquiète, agitée, consternée. Aussitôt, retournant en toute hâte, elle vient trouver Simon-Pierre, et cet autre disciple que Jésus aimait, afin d'en être aidée dans ses recherches, ou de leur communiquer sa douleur, et leur dit : Ils ont enlevé mon Seigneur du sépulcre, et nous ne savons pas où ils l'ont mis. On a enlevé *le Seigneur*, dit-elle ici ; dans les manuscrits grecs on lit *mon Seigneur*, ce qui est une marque plus vive d'amour et de dévouement. Simon-Pierre sortit donc et cet autre disciple aussi, et ils allèrent pour voir ce qu'ils venaient d'entendre raconter. Ces disciples courent ; Marie les suit. L'un et l'autre entrent dans le sépulcre, ils considèrent les linges, ils remarquent que le suaire est plié à part. Voyant ainsi le sépulcre vide, ils croient que le Seigneur avait été enlevé, ainsi que Marie l'avait dit. Ces deux disciples reviennent donc dans le lieu d'où ils étaient venus en courant. Mais tandis qu'ils se retirent, Marie, retenue par un amour plus fort pour Jésus, demeura dans ce lieu-là même. Elle était près du tombeau en dehors, debout, fondant en larmes, et déchirée par ses regrets et ses désirs ; l'esprit troublé, et les yeux voilés par la douleur et les larmes, elle pleurait en cherchant Jésus-Christ, et tout en pleurant elle le cherchait et ses désirs la mettaient hors d'elle-même. Elle le cherchait avec soin, elle le cherchait de tous côtés par ses regards et par ses questions ; et ne le trouvant pas, elle se punissait elle-même par ses larmes, s'en prenant à ses propres yeux, qui cherchaient le désiré de son âme et ne le trouvaient pas. Ils voyaient sans rien reconnaître. Peu après arrivèrent aussi les autres saintes femmes, le cœur consterné par la douleur, et se répandant en larmes. L'ange assis sur la pierre qu'il avait roulée hors du sépulcre, à droite de l'entrée, ne souffrit pas qu'elles s'affligeassent davantage, mais ayant compassion de leur douleur, il se mit à les consoler ; et de peur qu'elles ne fussent effrayées de son discours, il commença à leur parler avec affabilité.

Saint Matthieu. L'ange donc leur dit : Ne craignez pas ; je sais que vous cherchez Jésus qui a été crucifié : il n'est plus ici. Il est ressuscité comme il l'a dit. Car il est impossible que ce qu'il a dit ne s'accomplisse pas. Et il leur ordonna d'entrer dans le sépulcre, et de là dans le lieu où le Seigneur avait été mis, afin que si elles n'en croyaient pas à ses paroles, elles en crussent à leurs yeux.

Saint Marc. En entrant dans le sépulcre, elles virent un jeune homme, vêtu d'une robe blanche, assis à droite, au midi du lieu où le corps de Jésus avait été mis, et elles demeurèrent interdites. Ne vous effrayez pas, leur dit-il, vous ne devez pas craindre ; car ceux que vous voyez sont comme vos concitoyens. Vous êtes affranchies de la chair, et nous vivons dans les cieux. Vous êtes les servantes, et nous sommes les messagers d'un seul et même Seigneur; Vous cherchez Jésus de Nazareth, celui qui est véritablement le Sauveur, et qui a été crucifié il y a trois jours ; il est ressuscité, il n'est point ici, quoiqu'il soit d'ailleurs en tous les lieux. Les Maries, debout dans le sépulcre où elles étaient entrées, se tenaient en face du mausolée, du côté de l'orient ; l'ange était assis devant elles au côté droit ; et étendant la main, comme pour leur montrer que le mausolée était vide : voilà le lieu, dit-il, où l'avaient mis les princes des Juifs, le noble décurion et les autres personnes qui lui ont rendu le devoir de la sépulture. Mais comme il est réellement ressuscité des morts, allez porter cette nouvelle à ses disciples, à ces mêmes disciples qui, remplis de crainte lorsqu'on le saisit, prirent tous la fuite et l'abandonnèrent ; à Pierre en particulier, qui après l'avoir suivi de loin, tandis que tous le fuyaient, l'a renié lui-même trois fois, et qui, touché ensuite par un regard de sa miséricorde, ne put que sortir de la cour du prince des prêtres pour verser sur sa faute des larmes amères ; dites-leur à tous, de peur que, soit pour avoir fui, soit pour avoir renié, ils ne tombent dans le désespoir, dites-leur que Jésus est ressuscité ; et voilà qu'il vous précédera dans la Galilée ; là vous le verrez, selon qu'il vous l'a dit. Mais les saintes femmes, sortant du sépulcre, prirent la fuite, car elles avaient été saisies de frayeur et de tremblement, et ne dirent rien à personne, tant la crainte les mettait hors d'elles-mêmes.

XXVI

Marie-Madeleine seule voit deux anges assis, et voit ensuite Jésus-Christ la première.

Saint Jean. Marie-Madeleine se tenait près du sépulcre en dehors, et versait des larmes, plus affligée de cet enlèvement du sauveur que du supplice même qu'elle lui avait vu subir à la croix. Car, privée déjà par la mort de la présence de son bien-aimé, elle n'avait même plus aucun de ses restes mortels pour souvenir de lui. Elle pleurait donc et était inconsolable, craignant d'avoir perdu pour toujours ce corps que lui avaient au moins laissé les soldats après le crucifiement, et les Juifs, après l'apposition de leur sceau sur le sépulcre. Cependant, ne pouvant se fier au témoignage de ses yeux qui avaient vu, avant le jour, le mausolée vide, ni à celui des deux apôtres qui l'y avaient cherché en vain avec elle, ni à tous les apôtres auxquels elle avait attesté elle-même cet enlèvement, ni aux femmes ses compagnes qui l'avaient aussi regardé plusieurs fois en vain, ni aux anges mêmes de qui elle avait appris qu'il n'était plus là, et qu'il était ressuscité, elle se baissa tout en répandant ses larmes, et regarda de nouveau dans le sépulcre. Elle fit cela par un mouvement et une inspiration de celui-là même qui la poussait à le chercher, et qui enflammait son âme du feu de son amour. C'était lui qui l'excitait à ne point s'en rapporter facilement à ses propres yeux, ni à ceux des apôtres ou des saintes femmes. "Et elle vit alors deux anges vêtus de blanc, assis dans le lieu où le corps de Jésus avait été mis, l'un à la tête et l'autre aux pieds." Ils lui disent : "Femme, pourquoi pleurez-vous ?" Marie, pensant qu'ils le cherchaient aussi, et qu'ils n'ignoraient pas le sujet de ses larmes : C'est, leur répondit-elle, qu'ils ont enlevé mon Seigneur ; car c'est tout lui-même que je vois dans son corps, et je ne sais où ils l'ont mis. C'est là ce qui augmente ma désolation ; ne sachant plus maintenant où chercher celui qui pouvait apaiser ma douleur. En disant ces paroles aux anges, Marie était inclinée à l'entrée du sépulcre, car la porte en était basse, et on ne pouvait voir de là le lieu intérieur du mausolée qu'en se baissant. Elle se relève alors, et comme elle se tournait du côté de l'orient, le Seigneur Jésus se présenta à ses regards dans le jardin, sans qu'elle le sût. Son ardent amour qui avait d'abord excité si vivement ses regrets et ses recherches, étant frustrée dans ses espérances, l'avait jetée dans l'abattement ; c'est pourquoi elle le voyait sans le reconnaître, de sorte qu'elle eût pu dire avec le prophète : *Mes yeux se sont obscurcis par les pleurs, parce que celui qui me consolait s'est éloigné de moi.* Jésus lui dit : Femme, pourquoi pleurez-vous ? Qui cherchez-vous ? En entendant ces paroles, Marie sent ses désirs s'enflammer ; elle redouble ses gémissements, et répond avec des paroles entrecoupées et suppliantes à cet homme qu'elle pensait être le jardinier, sans rien dire ni du sujet de ses larmes, ni de celui qu'elle cherchait, comme ceux qui, épris d'une vive passion, s'imaginent que tout le monde pense comme eux à celui qui fait l'objet de toutes leurs pensées et de tout leur amour : toute prête à emporter elle-même sur ses épaules celui qu'elle croyait qu'on avait enlevé, elle répond : Seigneur, si c'est vous qui l'avez enlevé, dites-moi où vous l'avez mis, et je l'emporterai. O amour fort comme la mort ! Rien n'est difficile à celui qui aime véritablement ? La force de l'amour dont elle brûlait pour Jésus-Christ persuadait à Marie que seule elle pourrait porter le corps du Sauveur, quoiqu'on l'eût entouré de cent livres d'aloès et de myrrhe. Alors le Sauveur, qui était venu pour consoler Marie, ne put se cacher plus longtemps à elle, la voyant tout épuisée et entendant ses lamentations. Car tandis que Jésus qu'elle cherchait lui cachait sa présence, et se montrait à elle sans en être reconnu, la vivacité des désirs de Marie avait accru la grandeur de sa douleur, jusqu'à la faire tomber en défaillance. Il l'appela donc par son nom, lui disant avec sa douceur incomparable : Marie, reconnaissez-moi, car je vous reconnais ; je vous connais par votre nom ; je sais qui vous êtes, et ce que vous voulez : me voici, ne pleurez pas. Me voici, moi que vous cherchez. La douleur de Marie éplorée s'apaisa soudain, dès que cette parole douce et consolante du Seigneur eut frappé son oreille. Marie reconnut la voix douce de Jésus, et cette suavité qu'elle avait toujours ressentie, lorsqu'il prononçait son nom. Et aussitôt, inclinant la tête et adorant humblement le Sauveur, elle le salue comme le docteur qui l'avait instruite, disant : *Rabboni,* c'est-à-dire maître, et s'approchant pour s'humilier aux pieds de Jésus-Christ, elle embrasse ses pieds sacrés, comme elle avait fait neuf jours auparavant, et elle entend le Seigneur qui lui dit : Ne me touchez pas, car je ne suis point encore monté vers mon Père. Ne me touchez pas ; cessez ces embrassements sensibles, car vous ne croyez pas encore que j'aie triomphé de la mort, vous qui cherchez parmi les morts celui qui est plein de vie. Attachez-vous d'abord à moi par les embrassements du cœur, croyant fermement à ma résurrection. Car c'est dans votre cœur que je ne suis pas encore élevé jusqu'à mon Père, puisque vous ne croyez pas que je suis ressuscité, ni que je sois égal à Dieu, mon Père. À ces mots, Marie ne doute plus, mais elle croit à Jésus-Christ qui lui communique la foi par ses paroles bénies et par la vue de son visage si plein de charmes. Le grain de sénevé que Jésus, ce divin jardinier, sema alors dans le jardin de son cœur, prit aussitôt racine, et devint un grand arbre d'une inébranlable fermeté. Elle crut sans aucun doute que le Christ qu'elle voyait, le Fils de Dieu qu'elle avait aimé pendant sa vie mortelle, était vraiment Dieu ; que celui qu'elle avait vu mourir était véritablement ressuscité des morts, et que celui qu'elle avait cherché comme gisant dans le sépulcre était vraiment égal à Dieu le Père.

XXVII
Jésus-Christ envoie Madeleine aux apôtres, pour qu'elle fasse à leur égard la fonction d'apôtre.

Enfin le Sauveur, en considération d'un amour qu'il voyait depuis si longtemps avec complaisance, et qui n'avait jamais cessé de brûler dans un cœur qui lui était tout particulièrement uni ; et sachant d'ailleurs très-certainement, lui à qui rien n'est caché, que déjà il était élevé jusqu'à son Père dans le cœur de Marie, il veut, en la comblant de grâce et de gloire et en lui conférant la plus grande de toutes les dignités et la plus haute des prérogatives, lui accorder une récompense proportionnée à ses mérites, et digne de celle qui était la première entre toutes ses servantes. C'est pourquoi, après qu'il l'avait établie un peu auparavant l'évangéliste de sa résurrection, il la destine encore maintenant à être l'apôtre de son ascension à l'égard des apôtres eux-mêmes : "Allez trouver mes frères, lui dit-il, et portez-leur ces paroles : voici ce que dit le Seigneur : je vais monter auprès de celui qui est mon Père et le vôtre : mon Père par nature, et le vôtre par grâce ; vers mon Dieu et votre Dieu ; mon Dieu au-dessous duquel je suis comme homme, et votre Dieu, auprès duquel je suis votre médiateur." [23] Il dit ces paroles et disparut à ses regards. Marie, se voyant donc élevée par le Fils même de Dieu, son Seigneur et son Sauveur à un si haut point d'honneur et de grâce ; se voyant favorisée seule de la première et de la plus privilégiée de ses apparitions, comme étant parmi toutes les femmes, la plus tendrement affectionnée, la plus dévouée à Dieu, et la plus chérie de lui, toutefois après l'incomparable Vierge sa mère, Marie ne put différer d'exercer l'apostolat dont elle avait été honorée. À l'instant même, elle va trouver les apôtres en toute hâte, et leur dit : Vous tous qui aimez le Seigneur, félicitez-moi : car celui que je cherchais m'a apparu ; pendant que je pleurais auprès du sépulcre, j'ai vu mon Seigneur, et il m'a dit ces paroles : Allez trouver mes frères et dites-leur : Voici ce que dit le Seigneur : Je monte vers celui qui est mon Père, qui m'a engendré avant les siècles, et le vôtre, puisqu'il vous a adoptés pour ses enfants ; vers celui qui est mon Dieu sous lequel j'ai été abaissé, et votre Dieu devant lequel vous avez été relevés.

Voici donc que Marie nous annonce cette vie enlevée autrefois au genre humain par le moyen d'Ève. Ève, dans le paradis, donna à boire à son mari un breuvage empoisonné ; en ce moment Madeleine présente aux apôtres le calice de la vie éternelle. Ève reçut la première le fiel de l'aspic dans ce jardin de délices, et dans un jardin consacré aux funérailles Marie vit la première le vainqueur de la mort. Séduite par cette promesse du serpent : Vous serez comme des dieux, sachant le bien et le mal, Ève corrompit son propre mari : Marie annonce aux apôtres ses collègues la bonne nouvelle de la résurrection du Messie : J'ai vu le Seigneur, dit-elle ; et prophétisant l'ascension, elle ajoute : Il m'a dit ces paroles : Je monte vers mon Père

---

[23] Dans l'église du Saint-Sépulcre à Jérusalem on montrait une pierre de forme ronde et plate et de couleur grise qui désigne, d'après une tradition ancienne et universelle, l'endroit où était le Sauveur quand il apparut à sainte Madeleine (devant l'autel Ste Marie-Madeleine) et, en se dirigeant vers la *chapelle* de *sainte Marie de l'apparition* des frères Franciscains, une autre pierre semblable à la précédente qui désigne le lieu où sainte Madeleine, s'étant retournée, vit et reconnut le Seigneur. Selon l'Évangile de saint Jean, Marie se retourna deux fois : d'abord quand elle vit le Sauveur sans le reconnaître, et ensuite, lorsqu'elle le vit et le reconnut. Ces pierres marquent l'endroit où eurent lieu ces deux circonstances

et votre Père ; Marie prophétise avec bien plus de vérité que n'avait fait Ève ; elle nous donne un tout autre breuvage que celui qu'Ève nous procura. C'est un changement opéré par la droite du Très-Haut. Elle était venue au sépulcre chargée de ses parfums et de ses aromates, pour embaumer un mort ; mais l'ayant trouvé vivant, elle reçoit un emploi bien différent ; et devenant la glorieuse servante du Sauveur ressuscité, elle va présenter de sa part aux apôtres le breuvage de la véritable vie. Or, que le Sauveur ait apparu d'abord à Marie-Madeleine seule, comme nous l'avons exposé, selon saint Jean, c'est ce qu'atteste aussi l'évangéliste saint Marc : Jésus étant ressuscité le matin du premier jour de la semaine, apparut premièrement à Marie-Madeleine ;" et comme nous lisons qu'il y avait plusieurs Maries, cet évangéliste, de peur que nous ne pensions qu'il y a eu aussi plusieurs Madeleines, comme quelques-uns l'ont voulu en effet, ajoute à son nom comme un indice certain le bienfait signalé qu'elle en avait reçu : de laquelle il avait chassé sept démons. Et non-seulement il atteste que la première elle le vit après sa résurrection,[24] mais encore qu'elle fut la première à l'annoncer aux apôtres, ajoutant : Elle alla en porter la nouvelle à ceux qui avaient été avec lui et qui étaient dans l'affliction et les larmes. Mais ceux-ci, lui ayant ouï dire qu'il était vivant et qu'elle l'avait vu, ne l'en crurent point. Ne pouvant donc les persuader, elle courut de nouveau au sépulcre, espérant, comme il arriva, d'y voir une seconde fois le Seigneur.

XXVIII

Deux anges apparaissent aux saintes femmes. Jésus-Christ se montre à elles pour la seconde fois. Ses autres apparitions.

Nous venons de voir la première apparition du sauveur, par laquelle il voulut se montrer seul à seul à Marie-Madeleine, avant d'apparaître à aucun autre des mortels ; nous avons parlé de l'apparition des deux anges qu'elle vit aussi seule, et avec qui elle s'entretint ; nous avons fait connaître l'apostolat auquel elle fut élevée par le Fils de Dieu lui-même, dans un jour si solennel que jamais on n'en a vu, et que jamais on n'en pourra voir de plus heureux ni de plus célèbre : ministère en vertu duquel elle apprit la première le fait de la résurrection aux apôtres ses collègues, et prophétisa seule l'ascension future. Enfin nous avons raconté comment en présentant la première aux apôtres le breuvage de la vie, elle répara le mal que le breuvage empoisonné d'Ève nous avait fait ; et nous avons suivi en cela les témoignages des évangélistes saint Jean et saint marc. Maintenant nous allons exposer rn peu de mots l'apparition des deux anges que, d'après saint Luc, elle vit lorsqu'elle était avec les autres femmes, et la seconde apparition du Sauveur, par laquelle il voulut, selon saint Matthieu, se montrer encore aux deux Maries.

Saint Luc. Les saintes femmes n'ayant pas trouvé le corps du Seigneur dans le sépulcre, en étaient consternées ; mais tout à coup apparurent auprès d'elles deux hommes vêtus d'habits éclatants. Comme ces femmes étaient saisies de frayeur, et qu'elles avaient le visage baissé (circonstance qui fut l'origine de cette coutume observée dans l'Église de Dieu, de prier pendant le temps pascal, non en fléchissant le genou, mais en inclinant seulement la tête [25], les anges leur dirent : *Pourquoi cherchez-vous parmi les morts celui qui est vivant ?* Car les tombeaux sont la demeure des morts. *Il n'est point ici, il est ressuscité.*

---

[24] Raban suit scrupuleusement saint Marc (*Mc* 16, 9) et saint Jean (*Jn* 20, 11-18) disant que sainte Madeleine fut la première d'entre les femmes qui eut l'avantage de voir Jésus-Christ ressuscité : qu'elle le vit donc corporellement, avant que la très-sainte Vierge le vit de la sorte. Cependant, un débat s'est très rapidement instauré afin de savoir si cette primauté de sainte Madeleine était bien justifiée. Beaucoup considérèrent comme très-certain que la sainte Vierge le vit d'abord, pour elle seule, s'occupant intérieurement de cette vue comme elle en avait usé en d'autres circonstances, telle la nativité de Jésus dont elle ne devait parler à personne avant le temps marqué par la divine Providence. D'autres pensaient que la Vierge se trouvait avec les saintes femmes qui virent Jésus les premières. Ces réflexions très pieuses ne sont peut-être pas assez fondées dans la connaissance des mystères de Jésus-Christ et de sa très-sainte Mère. Le débat n'est visiblement pas clos.

[25] Il est certain qu'aux tous premiers temps de l'Église, les chrétiens priaient debout, en signe de joie, le dimanche et tous les jours depuis Pâques jusqu'à la Pentecôte. Il est possible cet usage ait trouvé son origine au tombeau-même du Sauveur.

Souvenez-vous de quelle manière il vous a parlé, lorsqu'il était encore en Galilée : car ce n'est pas aux hommes seulement, mais aussi aux saintes femmes, qu'il a prédit la résurrection, disant : *Il faut que le Fils de l'homme soit livré entre les mains des pécheurs, qu'il soit crucifié, et qu'il ressuscite le troisième jour.* Et ces femmes se ressouvinrent en effet des paroles du Seigneur Jésus.

Saint Matthieu. Marie-Madeleine et l'autre Marie sortirent du sépulcre saisies de crainte et transportées de joie, et coururent pour porter ces nouvelles à ses disciples. Mais tout à coup Jésus se présenta à leur rencontre, et leur dit : *Je vous salue.* Salutation bénie, qui, adressée aux Maries par la bouche du Sauveur, réparait la malédiction d'Ève, déjà rétractée auparavant par la salutation de l'ange Gabriel à la Vierge par excellence. Elles s'approchèrent de lui et embrassèrent ses pieds, que d'abord il avait défendu à l'une d'elles de toucher, parce que celle-ci ne croyait pas encore ; elles l'adorèrent, et baisèrent les pieds du Seigneur pour toute l'Église qu'elles représentaient. Alors Jésus prenant la parole, leur dit : *Ne craignez point : allez, et dites à mes disciples de se rendre en Galilée : c'est là qu'ils me verront.*

Saint Luc. Et étant sorties du sépulcre, elles allèrent raconter tout ceci aux onze apôtres, et à tous les autres disciples. C'étaient Marie-Madeleine, Johanna, Marie Jacobé et les autres qui étaient avec elles qui rapportaient toutes ces circonstances aux apôtres. Mais ces récits leur parurent être une rêverie, et ils n'y croyaient point. Toutefois Pierre se levant, court au tombeau, et s'étant baissé (pour regarder), il ne vit plus que les linges, et il s'en revint fort surpris en lui-même de ce qui était arrivé. Alors le Sauveur lui apparut. Car c'est à Simon-Pierre qu'il apparut en troisième lieu.

Saint Marc. Après cela il se montra sous une autre forme à deux d'entre eux qui étaient en chemin et se rendaient dans un bourg, qui est maintenant Nicopolis, ville considérable de Palestine, à soixante stades, c'est-à-dire à sept milles et demi de Jérusalem. Et ceux-ci revinrent le dire aux autres, qui ne le crurent pas non plus.

Saint Luc. Et ils trouvèrent réunis les onze apôtres, et ceux qui demeuraient avec eux, se disant les uns aux autres : *le Seigneur est vraiment ressuscité, il a apparu à Simon-Pierre.* Car Pierre fut le premier des hommes à qui il apparut. Pendant qu'ils parlaient de la sorte, Jésus se trouva présent au milieu d'eux et dit : *La paix soit avec vous.*

Telles sont les cinq apparitions par lesquelles, le jour-même de sa résurrection, le Sauveur voulut consoler en se montrant à eux ceux qu'il aimait et dont il était le plus aimé. Huit jours après, il leur apparut pour la sixième fois, et fit toucher son côté à l'apôtre saint Thomas. Il apparut en septième lieu à ceux qui péchaient sur la mer de Tibériade. Il leur apparut pour la huitième fois sur la montagne de Galilée, comme il l'avait fait annoncer par Marie-Madeleine, en leur ordonnant de s'y rendre.

XXIX

Récapitulation. Combien la piété de Marie fut agréable à Jésus-Christ et combien elle en a été récompensée dès la vie présente.

N'omettons pas une remarque qui a excité justement l'admiration de plusieurs, ou plutôt revenons sur ce que nous avons déjà dit et en rassemblant dans la joie de notre âme nos souvenirs avec soin : considérons que le Sauveur n'a pas tenu cachée la complaisance qu'il prenait dans les hommages de Marie, sa bien-aimée, comme il fait pour la plupart des œuvres des Saints ; cette complaisance n'est point un mystère connue seulement du Père des lumières qui voit en secret les œuvres dignes d'être récompensées un jour de la gloire éternelle ; car les hommages que Marie lui a rendus ont été aussitôt manifestés, loués et exaltés par la bouche du Sauveur lui-même, et si par hasard quelqu'un osa les blâmer ou leur donner une mauvaise interprétation, ils furent à l'instant excusés et approuvés chacun en particulier ; en sorte que, selon une parole de l'évangéliste saint Marc, elle a reçu pour chaque action de piété le centuple ici-bas dans la vie présente, en attendant qu'elle entrât dans la possession de la gloire du ciel.

Tandis que sa très sainte sœur se plaignait d'elle sans raison, Marie, assise à l'ombre de celui qu'elle aimait, recueillait de ses lèvres ses divines paroles si tendres à son cœur ; elle goûtait et voyait combien le Sauveur est doux. Elle puisait avec une merveilleuse avidité les eaux de la vie à leur source même, au cœur du Sauveur, qui se plaisait à la combler de toute sorte de richesses spirituelles, abreuvant son esprit et son cœur de la rosée de ses célestes paroles, comme d'une eau salutaire, y produisant des affections pures, et y multipliant, avec la joie qui l'enivrait, tous les fruits de sa dévotion. Car beaucoup de filles ont amassé des richesses ; mais Madeleine, la première de ses servantes, les a toutes surpassées, préparant dans son cœur à celui que l'Écriture compare au faon des forêts, et dont l'esprit ne se repose que sur l'âme humble et tranquille, un lieu où il prit son repos et ses délassements, où il nourrit et fut lui-même rassasié et comme enivré par les témoignages de sa tendresse.

Mais, sans nous arrêter aux joies célestes qui firent goûter d'avance à cette admirable contemplatrice la gloire des saints, lorsqu'elle ne faisait qu'adorer ici-bas, les véritables délices dont maintenant elle jouit dans la patrie, rappelons-nous plutôt cette circonstance où, pécheresse encore, elle s'approcha pour la première fois du Seigneur, dans la maison de Simon le Pharisien, et qu'elle arrosa de ses larmes ses pieds sacrés, les essuya de ses cheveux, les pressa contre ses yeux, et y répandit un parfum. Elle ne fut point rejetée, comme Simon l'eût voulu ; au contraire, étant venue couverte de péchés, elle obtint, avant de se retirer, une récompense céleste, et emporta avec elle les sept dons du Saint-Esprit, dont elle fut remplie. Retour bien digne sans doute d'un tel acte de piété, jusqu'alors sans exemple.

En second lieu, quand dans la maison de Simon le Lépreux, cette sainte amante brisa un vase d'albâtre et en répandit le nard sur les pieds et sur la tête du Seigneur, elle ne perdit pas toutefois son parfum, comme le prétendait le traître Judas ; mais elle mérita de la bouche de Dieu tout-puissant la grâce et la gloire, et reçut avec de dignes louanges la promesse que cette action resterait éternellement, avec le saint Évangile, dans la mémoire des hommes.

Ici enfin, en troisième lieu, quand, avec une affection égale, et peut-être encore plus grande, elle prépara généreusement les parfums et les aromates les plus précieux pour ensevelir le corps du Messie, et qu'elle se hâtait d'aller l'embaumer, si le Sauveur la prévint par sa résurrection, ce n'est pas que cet hommage ne lui fût agréable, et elle n'en reçut pas pour cela une moindre récompense : car elle fut gratifiée du plus insigne privilège par la bonté divine, étant honorée seule de sa première apparition, élevée à l'honneur de l'apostolat, établie l'évangéliste de la résurrection de Jésus-Christ, et envoyée à ses apôtres pour leur prophétiser sa prochaine ascension.

XXX

Des trois onctions : celle des pieds, celle de la tête et celle du corps.

Les parfums précieux de Marie-Madeleine furent donc réservés pour un autre usage, et partagés et distribués comme des objets de grand prix aux disciples du Seigneur. Le Fils de Dieu ne voulut pas qu'on les employât à l'égard de son corps mort, afin de les conserver pour son corps vivant. Car l'Église, qui se nourrit de ce pain de vie, est vivante, elle est elle-même le corps visible de Jésus-Christ, qu'il a préservé de la mort en livrant à la mort son corps naturel. Marie a consacré ses parfums aux usages de ce corps, c'est-à-dire aux nécessités des disciples, en offrant avec empressement aux membres ce qu'il ne lui était pas permis d'appliquer au chef. Le Sauveur, source de toute bonté, considérait dans ces parfums que Marie lui avait préparés non-seulement le baume précieux qui y avait été mêlé, mais la libéralité d'une tendresse généreuse ; et comme tous ses besoins avaient cessé par l'état d'immortalité où il venait d'entrer, il voulut qu'ils fussent réservés pour ses membres, toujours dans le besoin et dans l'indigence des choses spirituelles. Heureux, ô sainte pécheresse et ardente amante de Jésus-Christ ! Heureux celui qui, repassant avec vous toutes ces années dans l'amertume de son âme, embrasse les pieds de son juge, et, puisant dans le sein de sa miséricorde l'espérance du pardon avec des consolations enivrantes, arrête les coups de sa vengeance par le sacrifice d'un cœur contrit et humilié, et d'un esprit consumé dans le feu de la douleur et de la vraie pénitence ! Une âme touchée de la sorte reçoit du Seigneur le don d'intelligence. Car il est dit : *La cendre a été ma nourriture*, c'est-à-dire, je me suis incorporé les pécheurs par la pénitence.

Mais, ô admirable contemplatrice et très-dévouée servante du Seigneur ! Bien plus heureuse est celle qui, après avoir embrassé comme vous ces pieds de la sainte humanité, s'élève, en s'approchant du chef, à la vue ravissante de la Divinité ; qui, discernant ces deux objets avec leurs propriétés, rapporte les souffrance de l'homme, attribue les miracles à Dieu, et pour tous les bienfaits qu'elle a reçus, immolant au Seigneur un sacrifice de louanges, au milieu de chants d'allégresse et de transports de joie, offre à Dieu, le père des hommes, de qui vient tout don parfait, les hommages des peuples, comme un parfum pur et précieux, rendu plus exquis par la piété qui le prépare, et le feu du divin amour où il se consume sans fin. Une telle âme reçoit de continuelles grâces de Dieu en récompense de ses services, car il dit lui-même : *Le sacrifice de louanges m'honorera : je glorifierai celui qui me glorifie, et ceux qui me méprisent resteront eux-mêmes dans le mépris.*

Mais heureux au-dessus de tous est l'homme au cœur sensible et généreux qui, marchant sur vos traces, ô illustre servante du Sauveur ! Et portant dans son cœur ce baume salutaire que la charité lui fournit pour le corps de Jésus-Christ, s'abandonne entièrement lui-même aux soins du Tout-Puissant ; qui, comme le glaneur, recherche, sans être lassé par leur nombre, les misères oubliées des pauvres ; qui verse sur eux le baume de la compassion, et qui conserve perpétuellement dans son cœur, comme le feu sacré sur l'autel, une flamme ardente de charité, que ne ralentit jamais le froid de l'avarice, et que le souffle de la superbe ne saurait éteindre. Un tel homme que le changement que Dieu fait en lui, devient lui-même Dieu. Car celui qui vit de telle sorte que son bien serve aux besoins de ses semblables, celui-là acquiert le caractère le plus parfait de ressemblance avec Dieu.

Voilà ce que nous avions à dire sur les trois parfums ou onctions, des pieds, de la tête et du corps, que répandit sur le Fils de Dieu, objet de son amour, cette amante bien-aimée du Christ, cette contemplative admirable, si heureuse par ses devoirs qu'elle lui rendit. Heureux celui qui entend ces récits avec plaisir, qui a le bonheur de les croire, et qui les honore religieusement ! Plus heureux celui qui, en admirant pieusement et vénérant dans son cœur ces onctions de Marie, est plein d'ardeur pour les imiter ! Mais heureux sans comparaison celui qui est tellement charmé et attiré par la bonne odeur des parfums de Marie qu'il imite les exemples que toute sa vie nous présente, s'efforçant de conformer sa conduite à la sienne, de se remplir de son esprit de dévotion, et d'obtenir ainsi pour lui-même la meilleure part qu'elle a choisie !

XXXI

Ascension de Jésus-Christ en présence des apôtres et de Marie.

Le quatrième jour après sa résurrection, le Sauveur, près de monter aux cieux, voulant voir encore une fois les siens et se faire voir à eux dans la ville sainte, leur apparut lorsqu'ils mangeaient ; et s'étant mis lui-même à table, il mangea avec eux, afin de prouver par cette action que son corps était un corps véritable. Ce fut donc un jour de joie, une fête solennelle, le banquet le plus mémorable qui eût jamais été, un repas digne d'être célébré par les anges et les hommes. Avec le Fils de Dieu étaient assis à table son auguste et glorieuse mère, la Reine du ciel, la Vierge Marie, et celui que Jésus aimait par-dessus tous les autres, Jean, apôtre et évangéliste, prophète et vierge tout ensemble. Là se trouvaient aussi l'amie particulière du Sauveur, la première de ses servantes, Marie-Madeleine ; Marthe, qui l'avait toujours reçu avec tant de dévouement ; Lazare, qu'il avait ressuscité des morts [26] ; Marie Cléophé, Salomé, Johanna et Susanne. On y voyait encore Pierre, qui tout récemment encore sur la mer de Tibériade et dans le repas qui suivit cette pêche se lia plus que jamais à Jésus-Christ par sa triple confession ; André, le plus doux de

---

[26] Raban suppose que saint Lazare, sainte Madeleine et sainte Marthe assistèrent au dernier repas du Sauveur avec ses disciples, le jour-même de l'Ascension. D'autres ont conjecturé que Jésus conduisit ce jour-là ses disciples à Béthanie comme l'indique saint Luc pour faire ses adieux à Lazare et à ses sœurs afin de les rendre eux-mêmes témoins de son ascension glorieuse.

tous les saints ; Jacques, frère de Jean ; Philippe, image de la douceur même ; Didyme Thomas, ce vif et ardent scrutateur des plaies de Jésus-Christ ; Barthélémy, toujours nommé au milieu des douze apôtres ; Matthieu, appelé aussi Lévi, le premier qui a écrit l'Évangile ; les cousins du Seigneur, Jacques fils d'Alphée, depuis patriarche de Jérusalem, qu'on surnomme Oblias et le Juste, et qui était nazaréen dès le ventre de sa mère ; Simon Zélote ; Jude, frère de Jacques, celui qu'on nomme Thaddée et Corculus, et beaucoup d'autres qui s'étaient réunis et étaient amis et parents de Jésus-Christ. Ils étaient alors pleins de foi en sa divinité, eux dont il avait été dit avant le temps de la passion qu'ils ne croyaient point en lui. Le Fils de Dieu daigna manger avec ces mêmes hommes, et après qu'il leur eut reproché leur incrédulité : *J'enverrai sur vous*, dit-il, *celui que vous a promis mon Père. Pour vous, demeurez retirés dans la ville, jusqu'à ce que vous soyez revêtus de la force d'en haut : car vous serez baptisés du Saint-Esprit dans peu de jours.* Leur imposant ensuite la charge de la prédication, il leur ordonna d'annoncer d'abord l'Évangile à Jérusalem, à la Judée et à la Samarie ; puis, lorsque les Juifs rejetteraient la parole de vie, de la prêcher par tout le monde. Avec cet ordre, il donna aux prédicateurs le pouvoir d'opérer toutes sortes de prodiges. Il leur dit ces paroles avec d'autres semblables, comme un roi qui parle aux princes de son peuple, réunis avec lui au même banquet. Puis après le repas, il se leva ; et étant sorti, il conduisit ses convives dehors, à Béthanie, sur la montagne des Oliviers, qui est près de Jérusalem, à mille pas de cette ville, distance qu'on pouvait parcourir licitement le jour du sabbat. Enfin, en présence de la Reine du ciel, des Marie, ses compagnes, des apôtres et de la foule des disciples, formant environ cent vingt personnes, il leur dit, en leur faisant son dernier adieu : *Je suis avec vous jusqu'à la fin des siècles* ; et les bénissant en étendant les mains, il s'éleva à l'instant dans les airs, à la vue de tous, en montant aux cieux. Aussitôt parut une nuée lumineuse qui le déroba à leurs regards et l'emporta dans les régions supérieures, en présence de la Reine du ciel, des apôtres, de Madeleine, l'amante de Dieu, et des Maries, ses compagnes.

XXXII

De ceux qui montèrent au ciel avec Jésus-Christ, et de l'excellence de saint Jean, des mains duquel il reçut le baptême.

Jésus-Christ montant ainsi dans les airs éleva aux cieux avec lui, au milieu de leurs cantiques de joie, les milliers de justes qu'il avait retirés des enfers et dont il avait brisé les chaînes, les âmes de nos premiers parents et de tous ceux qui avaient été agréables à Dieu depuis l'origine du monde. Car n'ayant pas voulu ressusciter seul, il ne voulut pas non plus monter seul aux cieux ; mais il enleva avec lui les témoins de sa résurrection, ceux dont les tombeaux s'étaient ouverts lorsqu'on le crucifia, qui étaient ressuscités avec lui, et qui dans le moment de ses apparitions apparurent aussi dans Jérusalem à un grand nombre de personnes : tous ces justes l'accompagnèrent également dans le triomphe de son ascension. Il fallut, pour être de vrais témoins de la résurrection, qu'ils fussent réellement ressuscités eux-mêmes et que ce ne fussent pas seulement des ombres ou des apparences fantastiques.

L'armée des anges vient à la rencontre de ce roi triomphant ; et aussitôt quelques-uns d'eux sont envoyés par leur Seigneur sur la montagne des Oliviers pour annoncer son avènement glorieux aux apôtres, à la Reine du ciel, aux saintes femmes, qui tous le suivaient des yeux dans son ascension. *Il reviendra un jour,* leur dirent-ils, *de la même manière que vous l'avez vu monter au ciel.*

Ces faits, que nous avons rapportés avec soin et que nous avons insérés dans la *Vie* de sainte Madeleine, ne doivent point être considérés comme un hors-d'œuvre, puisqu'elle y fut présente et qu'elle fit paraître partout sa piété accoutumée. De même qu'elle avait vu la résurrection dans le jardin, ainsi fut-elle témoin de l'ascension sur la montagne. Comme elle avait annoncé aux apôtres le premier évènement aussitôt qu'il fut accompli, de même leur prophétisa-t-elle le second par avance ; et au moment où Jésus-Christ montait aux cieux, étant là présente avec les apôtres, elle semblait leur montrer comme du doigt l'accomplissement de sa prophétie, ayant part en cela au privilège de saint Jean-Baptiste, et méritant aussi d'être appelée plus que prophétesse. Et pour suivre cette comparaison, si la vie que le saint précurseur a menée au désert et la sainteté dont il a été revêtu dès le sein de sa mère l'ont toujours fait mettre au-dessus de tous les autres saints, Marie-Madeleine a été également célèbre par tout le monde pour sa conversion si admirable, pour son attachement et sa familiarité incomparables envers Jésus-Christ. Jean se dit indigne de délier la courroie de sa chaussure ; voilà une grande humilité : Marie arrose ses pieds de ses larmes, les lave de ses mains, les essuie avec ses cheveux, les presse contre son visage, les oint de ses parfums ; voilà une familiarité non moins admirable. Celui-là, en baptisant Jésus-Christ, est saisi de crainte et n'ose toucher la tête sacrée de son Dieu : celle-ci verse sur cette tête, la plus précieuse qui fût jamais et qui est le prix du monde, un parfum de très grande valeur, mais qui ne vaut pas cependant les dispositions de son cœur, d'un plus grand prix encore. Les quatre évangélistes décrivent les actions de Marie, aussi bien que celles de Jean. Celui-ci est loué pour avoir entendu la voix du Père, pour avoir vu le Saint-Esprit ; et celle-là l'est également pour avoir assisté assidûment de ses biens et avec une admirable affection le Fils de la Vierge Mère, pour avoir été présente à son crucifiement et à sa mise au tombeau, pour l'avoir vu la première après sa résurrection des morts, et avoir touché ses pieds adorables. Jésus-Christ lui-même a exalté saint Jean par ses louanges et a préconisé sa vie angélique ; mais lui-même aussi a pris la défense de Marie, lorsque le pharisien murmurait contre elle ; il l'a excusée, lorsque Marthe s'en plaignait ; il l'a exaltée, lorsque Judas s'indignait ; et l'a établie en dernier lieu l'apôtre des apôtres eux-mêmes. Enfin, comme il n'y a personne parmi les hommes qui ait surpassé, peut-être même égalé en grandeur saint Jean-Baptiste, excepté le Roi du ciel lui-même, ainsi, entre toutes les femmes, si élevées qu'elles soient, il n'y eut en aucune, exceptée la Reine du ciel, que Madeleine n'égale, et à laquelle elle ait à céder en grandeur.

XXXIII

Douleur que l'absence de Jésus-Christ cause à Marie, son amie.

Au milieu de ces merveilles qui faisaient éclater la gloire de Jésus-Christ, Marie-Madeleine montrait sans doute au dehors une joie ineffable ; cependant, à l'intérieur, elle était affligée au-delà de tout ce qu'on peut dire, se voyant privée de la présence sensible de son bien-aimé, dont elle était si parfaitement aimée elle-même. Car cela est dans la nature, et nous ne pouvons nous empêcher d'éprouver des sentiments de joie et de plaisir à la présence de nos amis, et d'être affligés même jusqu'aux larmes quand ils nous quittent. La grandeur de l'amour pour la personne que l'on perd se mesure aux larmes que fait verser son absence, et la douleur de la séparation fait sentir le degré d'affection qu'on lui portait. Quoique Marie n'eût point perdu son bien-aimé Sauveur, mais qu'elle l'eût vu plutôt la précéder pour lui préparer une place, cependant, parce qu'elle restait seule, elle souffrait ce que souffrent tous les amants quand ils sont séparés. Oh ! Qui pourrait penser avec combien de douceurs et de délices elle entendit parler le Sauveur (dans cette dernière rencontre) ! Combien de fois, lorsqu'il était à table ou qu'il marchait dans le chemin, elle porta ses regards sur ce divin Fils de la Vierge, le plus beau des enfants des hommes, et dont la vue ne pouvait la rassasier ! Que devait-elle donc éprouver après le dernier adieu, après les paroles solennelles de sa bénédiction ; lorsque Jésus, élevant les mains, monta tout à coup dans les airs ; lorsqu'elle le suivait des yeux, et qu'elle le voyait environné d'une nuée blanche qui pénétrait les régions supérieures ; lorsque, reçu dans le ciel ouvert devant lui, il se déroba à tous les regards ? J'aurais peine à croire, ou plutôt je ne puis penser qu'elle soit restée là longtemps debout ; mais plutôt elle dut tomber en défaillance sans respiration et sans vie ; son sang dut se glacer dans ses veines, et son visage perdre sa couleur ; puis, lorsque la chaleur lui revint, ce ne dut être que pour verser un torrent de larmes. Je le demande : pouvait-elle sans douleur et sans larmes se souvenir de Jésus, son cher et bien-aimé Seigneur ? Pouvait-elle à l'avenir avoir un moment sans tristesse, un instant sans langueur, une heure sans larmes ? Toutefois, elle savait bien qu'elle ne devait pas s'affliger sur elle-même, surtout lorsqu'elle se ressouvenait de la promesse qu'il lui avait faite aux siens de leur préparer des places et de venir de nouveau pour les amener avec lui, afin que là où il est ils fussent tous réunis auprès de sa personne. Aussi ce fut en repassant ces pensées dans son cœur qu'elle parvint à changer sa tristesse en joie. Car à mesure que par une contemplation assidue, voyant en esprit le Fils de Dieu devant elle, Marie tempérait le désir qu'elle avait de sa présence corporelle, elle se reposait suavement dans le souvenir si doux qu'elle conservait de sa personne ; jusqu'à ce qu'après beaucoup de soupirs, après de longs désirs, après une attente si vive et si prolongée de sa vision bienheureuse, rassasiée enfin par la vue de son bien-aimé, elle entrât en jouissance de ses très suaves et très doux embrassements dans le repos de la contemplation éternelle.

XXXIV
De la Pentecôte et du Saint-Esprit ; de la vie canonique de la primitive Église et de la contemplation de Marie.

Enfin, après la vision et les paroles des anges, les apôtres ayant adoré le Sauveur dans le lieu où il avait imprimé ses derniers pas, accompagnèrent avec grande joie la Reine du ciel dans son retour à Jérusalem, et entrèrent au temple, louant et bénissant le Seigneur. Ensuite, montant avec beaucoup d'allégresse au cénacle, dans la compagnie de la Mère de Dieu, des Maries, ses compagnes, des autres saintes femmes et des parents du Sauveur, ils se mirent à vaquer tous à l'oraison, étant ensemble environ cent vingt personnes. Or, après qu'ils eurent complété par l'élection de saint Matthias le nombre des douze apôtres, arriva le jour de la Pentecôte ; et à la troisième heure du jour, le Saint-Esprit descendit sur eux, avec un bruit violent, sous la forme sensible de langues de feu, et ils commencèrent à parler les langues de tous les peuples et à prophétiser. Car quelque langue que parlât ensuite chacun de ceux qui composaient cette troupe d'hommes et de femmes, il semblait à tous les auditeurs, quelque langage qu'ils eussent, que c'était dans leur propre langue qu'on leur parlait. Il y avait alors à Jérusalem des hommes pieux de toute langue et de toute nation qui soit sous le ciel. De ce nombre cinq mille crurent aussitôt à Jésus-Christ, et ensuite une multitude innombrable. Tous ceux qui croyaient étaient (unis) ensemble et avaient toutes choses en commun. Car ceux qui possédaient des terres et des maisons vendaient tous leurs biens et en apportaient le prix aux pieds des apôtres ; et comme Lazare, l'ami du Sauveur, avec ses sœurs, Marie et Marthe, possédaient un grand patrimoine et beaucoup de richesses tant à Jérusalem et à Béthanie de Judée qu'à Magdalon et à Béthanie de Galilée, ils vendirent tout aussi et en mirent le prix aux pieds du prince des apôtres. Des femmes et des veuves illustres servaient avec un merveilleux dévouement et une digne affection la Reine du ciel, la glorieuse Vierge Marie, Mère de Dieu ; elles rendaient aussi aux saints apôtres tous les services que permettait l'usage du pays, et elles étaient fort honorées elles-mêmes. C'étaient celles qui autrefois avaient été dévouées au Sauveur et lui avaient été si intimement unies, savoir : Marie-Madeleine, l'amie spéciale du Fils de Dieu, la première de ses servantes, et l'apôtre des apôtres ; sainte Marthe, l'image de la libéralité divine ; les tantes du Seigneur, Marie Cléophé et Marie Salomé, ainsi que Johanna et Susanne, ses servantes ; et les parentes de la Reine du ciel, que les évangélistes appellent ses sœurs. Leur zèle se propageant et s'allumant bientôt de plus en plus fut cause que s'éleva un murmure de la part des Juifs qui étaient venus de Grèce, parce que dans le service journalier des saints on préférait à leurs veuves les femmes qui étaient de Judée et de Galilée. Le prince des apôtres en ayant eu connaissance, convoqua une assemblée et choisit, pour avoir l'intendance des tables et des femmes qui y servaient, sept diacres : Etienne et Philippe, Parménas et Timon, Procore et Nicamor, enfin Nicolas. Saint Etienne se rendit aussitôt illustre par des miracles, et reçut peu après la couronne du martyre. Quant aux autres disciples du Sauveur, ils furent tous chassés de Jérusalem avec le diacre Philippe, excepté cependant les apôtres qui étaient avec la Reine du ciel et les saintes femmes qui les servaient.
Pour Marie-Madeleine en particulier, elle était attachée avec un dévouement indicible à la glorieuse Vierge Marie, comme à la Reine du ciel et à la Mère du Roi éternel, et la servait en qualité de suivante avec une merveilleuse affection [27]. Elle vaquait avec elle à la contemplation céleste ; et parce que la

---
[27] Il est probable que la sainte Vierge faisait aussi de fréquents séjours à Béthanie, partageant ainsi la compagnie de sainte Madeleine et de sainte Marthe, sans que ces dernières ne l'accompagnent en tout lieu. D'après une

bienheureuse Vierge, en qualité de Reine, jouissait assidûment de la vue et des visites des anges, Madeleine, comme sa servante et l'amie spéciale de son divin Fils, Notre-Seigneur Jésus-Christ, mérita d'avoir part fréquemment aux mêmes faveurs et aux mêmes consolations. Soutenue par ces visions et ces entretiens célestes, elle n'avait plus d'autre occupation que de représenter sans cesse à son souvenir la multitude des douceurs qu'il lui avait été donné de goûter en l'amour de Jésus-Christ. C'était là l'objet continuel de ses pensées ; et ces considérations excitaient de plus en plus ces feux d'amour dont elle était embrasée, ces flammes toujours ardentes, où elle se consumait à tout moment, par le désir insatiable qui la possédait de jouir de son Rédempteur.

XXXV

Récapitulation. Combien l'amie de Jésus-Christ était chère à la Reine du ciel et aux saints apôtres.

Cette sainte femme était également chérie et honorée de la glorieuse Mère de Dieu et des saints apôtres, à cause de la magnifique et inestimable familiarité qu'elle avait eue tant de fois avec le Sauveur. Ayant vu si clairement l'amour que le Fils de Dieu, son divin maître, lui avait témoigné, ils l'aimaient eux-mêmes avec une charité toute singulière. Ils l'honoraient avec plus d'empressement, sachant l'honneur particulier que le Créateur et le Rédempteur du monde lui avait déféré. Leurs soins pour la consoler étaient d'autant plus tendres qu'ils avaient vu tant de fois le Dieu de toute consolation la consoler lui-même avec une plus grande bienveillance, ou par le ministère de ses anges. Ils se rappelaient assidûment et ils prêchaient fréquemment au peuple comment de la vanité du siècle elle avait passé à l'école du Sauveur, et ils proposaient sa pénitence aux pécheurs, pour lesquels Jésus-Christ a voulu mourir, comme le modèle de conversion qu'ils devaient suivre pour rentrer dans la voie droite. Et comme sans l'espérance du pardon la pénitence est infructueuse et illusoire, et qu'elle n'est propre qu'à augmenter la colère divine, ils se servaient encore pour animer les pénitents et les assurer de leur pardon, de l'exemple de foi et de confiance que Marie leur avait donné. De plus, sachant que ce n'est pas assez de la fuite du mal pour être agréable à Dieu, si l'on n'y ajoute la pratique du bien, ils présentaient la vie qu'elle menait comme le miroir de toute la perfection, afin qu'ayant devant les yeux l'image d'une si sainte conduite, les fidèles, attirés à l'odeur de ses parfums, courussent eux-mêmes avec une nouvelle ardeur dans les voies de la sainteté. Enfin, pour montrer que la miséricorde de Dieu et l'abondance de ces dons sont le prix de la perfection et les fruits de la piété, ils faisaient voir en Marie les preuves de cette miséricorde divine, qui demandait toutes leurs actions de grâces. Très souvent aussi, dans les exhortations qu'ils adressaient publiquement aux peuples, les apôtres rappelaient les services et le dévouement incomparable de sainte Marthe, sa sœur, pour fournir aux besoins du Sauveur et aux leurs propres, et cette libéralité si charitable dont la grâce avait rempli son cœur. Ils rappelaient combien ces deux saintes sœurs avaient été chères et agréables au Fils de Dieu, par-dessus toutes les autres femmes, quel amour elles avaient eu pour lui, et par quelle tendresse il avait répondu à leur amour. Ils disaient avec quelle bonté il daignait accepter leur hospitalité, avec quelle affection elles lui fournissaient de leurs biens, pour ses nécessités et celles de ses

---

ancienne tradition orientale, on dit qu'après l'Ascension, Marie-Madeleine passa sept ans recluse à Béthanie, dans une espèce de prison, qui devait être le vestibule du tombeau de Lazare. Sainte Marthe lui faisait passer par une petite ouverture le pain et l'eau nécessaires à la nourrir. Les voyageurs parlent d'une chapelle de Béthanie qu'on disait avoir bâtie en mémoire de la réclusion de sainte Madeleine : il y avait même indulgence de sept ans attachée à la visite de ce lieu. Cette tradition se lie parfaitement avec ce qu'on rapporte en Provence et de ses goûts de solitude à Marseille, aux Aigalades, à Aix et à la Sainte-Baume. Cela montre en tout cas qu'elle ne restait pas toujours avec la sainte Vierge et qu'elle se retirait, au moins de temps en temps, dans cette cellule. Il faudrait donc dire comme Raban que, durant les quatorze années qu'elle resta encore en Palestine, sainte Madeleine se serait privée pendant sept ans des entretiens et de la compagnie de la sainte Vierge

disciples, avec quelle confiance elles lui envoyèrent dire de la part de leur frère : *Voilà que celui que vous aimez est malade.* Enfin ils ajoutaient qu'elle était sa bonté, lorsqu'il leur apprit à eux-mêmes que Lazare venait de mourir : *Lazare, notre ami dort* ; et quelle compassion il avait montrée lorsque, voyant pleurer ses sœurs, il répandit des larmes et pleura avec elles : en sorte que les Juifs disaient : *Voyez comme il l'aimait !* D'accord en cela avec le disciple bien-aimé lui-même, qui dit : *Le Seigneur Jésus aimait Marthe, sa sœur Marie et Lazare.*

Les apôtres résolurent même de changer en maison de prière la maison des amis de Jésus-Christ, Lazare, Marie et Marthe, où ils se rappelaient avoir vu si souvent le Fils de Dieu tout-puissant et de la Vierge Mère marcher ou se reposer, prendre ses repas ou son sommeil : cette maison où il se retirait si souvent pour la nuit, où il avait prié tant de fois et fait un grand nombre de miracles : que ce Sauveur enfin avait lui-même bénite et consacrée par la demeure et le fréquent séjour qu'il y avait fait [28]. Plus tard, le nombre des fidèles augmentant, ce fut dans cette basilique qu'ils ordonnèrent Lazare pour évêque de sa propre ville. Ensuite la persécution des Juifs s'élevant, saint Lazare se retira en Chypre pour prêcher le royaume de Dieu, il y siégea comme premier évêque, et vécut vingt-quatre ans depuis sa résurrection ; on honore encore sa mémoire et celle de ses sœurs à Béthanie le seize avant les calendes de janvier.

XXXVI

Séparation des apôtres et de vingt-quatre anciens disciples ou amis de Jésus-Christ.

Après la mort de saint Etienne, le premier des martyrs, Saul fut appelé du ciel à la foi, bien qu'il n'ait été nommé Paul que douze ans après. Ceux qui avaient été dispersés avec Philippe et les autres compagnons de saint Etienne allaient de tous côtés annonçant le royaume de Dieu. Ils vinrent enfin jusqu'à Antioche, où il se forma une grande Église de disciples de Jésus-Christ. Ce fut là que le nom de chrétiens prit son origine ; ce fut là que Pierre plaça la chaire patriarcale [29], où il laissa ensuite Évode qu'il avait ordonné patriarche, lorsqu'il retourna lui-même à Jérusalem auprès des autres apôtres. Ceux-ci, selon l'ordre du Sauveur, s'étaient bornés pendant ces douze années à prêcher aux douze tribus dans la terre de promission. La treizième année depuis l'ascension, Jacques, frère de Jean, périt par le glaive, Pierre fut jeté en prison, Saul reçut du Saint-Esprit l'apostolat des gentils et prit le nom de Paul. L'année suivante, ou la quatorzième année, eut lieu la division des apôtres : l'Orient échut en partage à Thomas et à Barthélémy ; le Midi à Simon et à Matthieu ; le Nord à Philippe et à Thaddée ; le centre du monde à Matthias et à Jacques ; les provinces de la mer Méditerranée furent le partage de Jean et d'Andrée ; les royaumes d'Occident, celui de Pierre et de Paul. Car dans ce même temps Paul était venu à Jérusalem pour voir Pierre, et après qu'il eut donné à celui-ci, ainsi qu'à Jacques et à Jean, et qu'il eut reçu réciproquement de leur part des gages de leur union dans l'apostolat, il partit de là avec son collègue Barnabé pour la Syrie et l'Illyrie, afin d'y prêcher l'Évangile. Or Pierre, qui devait quitter l'Orient pour aller à Rome, désigna des prédicateurs de l'Évangile, pour les autres pays d'Occident, où il ne pouvait se rendre en personne, et les choisit parmi les plus illustres fidèles et les plus anciens disciples du Sauveur : pour le pays des Gaules, où l'on compte dix-sept provinces, dix-sept pontifes ; et pour le pays des Espagnes, où l'on compte sept provinces, sept docteurs.

---

[28] La piété des premiers chrétiens honoraient de la sorte la plupart des lieux sanctifiés par la présence du Sauveur. Saint Jérôme en nomme plusieurs ainsi transformés en églises : la maison des disciples d'Emmaüs, le cénacle, la maison de saint Pierre à Capharnaüm ; une multitude d'autres furent honorés de ce privilège.

[29] Il est probable qu'avant-même la dispersion des apôtres, saint Pierre siégea d'abord à Antioche. Dans son *Histoire Ecclésiastique*, Eusèbe précise qu'il y plaça la chaire patriarcale, témoignant ainsi de la primauté de juridiction exercées depuis toujours par les souverains pontifes dans l'Église universelle. Depuis cette époque, le patriarcat d'Antioche tient tout l'Orient sous sa juridiction, tout comme l'Église d'Alexandrie aussi fondé par saint Pierre dans la personne de saint Marc son disciple, et bien entendu celle de Rome pour le reste de l'univers.

A la tête des vingt-quatre anciens était le célèbre docteur Maximin, du nombre des soixante-dix disciples du Sauveur, illustre par le don d'opérer toute sorte de miracles et le chef de la milice chrétienne après les apôtres. Sainte Madeleine, unie par le lien de charité à la religion et à la sainteté de ce disciple, résolut de ne point se séparer de sa société, quel que fut le lieu où le Seigneur l'appelât. Car la Reine du Ciel, au service de laquelle Madeleine avait goûté dans la contemplation les délices du Paradis, la bienheureuse Vierge avait été enlevée aux cieux [30], et déjà dix apôtres s'étaient dispersés. Quelque fût pour les apôtres l'attachement de ces vingt-quatre anciens, ils n'avaient pu garder ceux-ci auprès d'eux après que la haine des Juifs eut suscité la persécution contre l'Église, qu'Hérode eut décapité l'apôtre saint Jacques, jeté Pierre en prison, et chassé de ses États les fidèles. Ce fut alors, pendant que la tempête de la persécution exerçait ses ravages, que les fidèles déjà dispersés se rendirent dans les divers lieux du monde que le Seigneur leur avait assignés à chacun, afin de prêcher avec intrépidité la parole du salut aux gentils qui ignoraient Jésus-Christ. À leur départ, les femmes et les veuves illustres, qui les avaient servis à Jérusalem et dans l'Orient, voulurent les accompagner [31]. Tel était leur attachement pour l'amie spéciale du Sauveur et la première de ses servantes, qu'elles ne purent souffrir son éloignement et la privation de sa société. Parmi elles fut sainte Marthe, dont le frère Lazare était alors évêque de Chypre : cette vénérable hôtesse du Fils de Dieu voulut marcher sur les traces de sa sœur ainsi que sainte Marcelle, la suivante de Marthe, femme d'une grande piété, d'une foi vive, et qui avait adressé au Seigneur ce salut : Bienheureux le ventre qui vous a porté, etc. Saint Parménas, diacre plein de foi et de la grâce de Dieu, était aussi du nombre de ces disciples ; ce fut à ses soins et à sa garde que sainte Marthe se recommanda en Jésus-Christ, comme Marie au saint pontife Maximin. Ils prirent donc ensemble leur route vers le pays d'Occident [32], par un admirable conseil de la divine Providence, qui voulait non seulement que la gloire et la célébrité de Marie et de sa sœur se répandissent dans tout l'univers par le moyen de l'Évangile, mais encore que, comme l'Orient avait été favorisé jusqu'alors de l'exemple de leur sainte vie, l'Occident fût illustré lui-même par le séjour qu'elle y firent et par le dépôt de leurs reliques sacrées.

XXXVII

Comment ces vingt-quatre anciens eurent pour leur partage les Gaules et les Espagnes.

Dans la compagnie de Madeleine, la glorieuse amie de Dieu, et de la sainte Marthe, sa sœur, le saint évêque Maximin s'abandonna donc aux flots de la mer, avec saint Parménas, chef des diacres, les évêques Trophime, Eutrope et les autres chefs de la milice chrétienne. Poussés par le vent d'Est, ils quittèrent l'Asie, descendirent par la mer Tyrrhénienne, entre l'Europe et l'Afrique, en faisant divers détours. Ils laissèrent à droite la ville de Rome et toute l'Italie, ainsi que les Alpes, qui partant du golfe de Gênes et de la mer des Gaules (s'étendent) vers l'Orient, et se terminent à la mer Adriatique. Enfin ils abordèrent

---

[30] Raban montre ici l'incertitude des anciens sur l'année de la mort de la très-sainte Vierge. Selon les auteurs, elle aurait eu de cinquante à soixante-douze, voire jusqu'à une vieillesse très avancée. Raban suppose que la très-sainte Vierge mourut l'année qui précéda le voyage de Marie-Madeleine dans les Gaules ; elle aurait alors eue cinquante-huit ans. Sans compter ceux qui la font mourir à Éphèse...

[31] La persécution s'étendait aussi aux femmes chrétiennes de Judée. Sans doute les Juifs ne les traitaient-il pas au début avec rigueur : ils les laissèrent accompagner le Sauveur jusqu'au Calvaire, mais leur traitement se durcit ensuite très vite. Saint Paul lui-même *chargeait de chaînes et jetait en prison des femmes qui professaient la nouvelle doctrine.*

[32] Que les premiers prédicateurs de la foi dans l'Occident aient été des chrétiens chassés de Judée, est une tradition reçue dans toutes les Églises, tant en Orient qu'en Occident. Ils ne suivaient en cela que les dernières paroles du Sauveur : *Allez, enseignez toutes les nations, et les baptisez au nom du Père, du Fils et du Saint-Esprit.* On dit communément que les apôtres de Provence furent jetés de force sur une barque, sans voile ni gouvernail et exposés de la sorte à une mort certaine. Ce genre de supplice n'est pas sans exemple dans l'antiquité. Mais Raban ne dit rien de la sorte, estimant au contraire que le voyage des saints fut de leur part un dessein concerté et qu'ils disposaient de tout ce qui était nécessaire à leur voyage.

heureusement sur la droite, dans la Viennoise, province des Gaules, auprès de la ville de Marseille, dans l'endroit où le Rhône se jette dans la mer des Gaules.

Là, après avoir invoqué Dieu, le souverain monarque du monde, ils partagèrent entre eux, par l'inspiration du Saint-Esprit, les provinces du pays où ce même Esprit les avait poussés ; puis ils s'avancèrent et prêchèrent partout avec l'aide du Seigneur, qui confirmait leur prédication par des miracles. Car le Roi des armées célestes et de son peuple bien-aimé et chéri communiqua à ses prédicateurs le don d'annoncer sa parole avec une grande force, et d'orner la maison de Dieu des dépouilles du fort armé.

Le saint évêque Maximin eut pour son partage la ville d'Aix, métropole de la seconde province Narbonnaise, dans laquelle sainte Marie-Madeleine finit sa vie mortelle. Paul eut Narbonne, métropole de la première province Narbonnaise ; Austrégisile, la ville de Bourges, métropole de la première Aquitaine ; Irénée eut Lyon, métropole de la première Lyonnaise ; Sabien et Potentien eurent pour leur part la ville de Sens, métropole de la quatrième Lyonnaise ; Valère, la ville de Trèves, métropole de la première Belgique ; Féroncius, Besançon, métropole de la première province des Séquaniens ; Eutrope, la ville de Saintes, dans la seconde Aquitaine dont Bordeaux est maintenant la métropole ; Trophime, Arles, alors métropole de la province de Vienne. Ce furent de ces prédicateurs que ces dix provinces des Gaules reçurent la foi [33].

Les autres docteurs ne prêchèrent point aux sept autres provinces des Gaules, mais à sept villes de provinces diverses : Eutrope à Orange, ville de la province de Vienne ; Front à Périgueux, dans la second Aquitaine ; Georges à Veliacum (le Puy en Velay), dans la première ; Julien au Mans, dans la troisième Lyonnaise ; Martial à Limoges, dans la première Aquitaine ; Saturnin à Toulouse, dans la première Narbonnaise, où il fut précipité du Capitole pour la foi de Jésus-Christ, Parménas, avec la vénérable servante du Sauveur, sainte Marthe, se retira à Avignon, ville de la province Viennoise, ainsi que Marcelle, suivante de la sainte, Épaphras, Sosthène, Germain, Évodie et Syntique.

Rouen avec sa province, la seconde Lyonnaise, qui est maintenant la Normandie ; Mayence avec sa province, la première Germanique ; Cologne avec sa province, la troisième Germanique ; Cologne avec sa province, la troisième Germanique ; Octodure avec sa province des Alpes Grecques et Apennines ; la métropole d'Auch, avec sa province, la Novempopulanie ; la métropole d'Embrun avec sa province des Alpes Maritimes ; la métropole de Reims avec sa province, la seconde Belgique, furent réservées à d'autres docteurs.

En outre, voici les noms de ceux qui furent envoyés dans les Espagnes par les apôtres : Torquatus, Ctésiphon, Secundus, Idalecius, Cecilius, Ésicius, Euphrasius : ces sept prédicateurs réunirent à la foi chrétienne les sept provinces des Espagnes [34].

XXXVIII

Comment, auprès de la métropole d'Aix, sainte Marie vaquait, soit à la prédication, soit à la contemplation.

Saint Maximin étant donc entré à Aix, métropole (qui lui était échue), commença à répandre dans les cœurs des gentils les semences de la doctrine céleste, vaquant nuit et jour à la prédication, à la prière et au jeûne, pour amener à la connaissance et au service de Dieu le peuple incrédule de cette contrée.et lorsque les prédications de l'Évangile eut produit une abondante moisson, le bienheureux prélat, à la tête de son Église d'Aix, brilla par les miracles divers et nombreux qu'il opéra. Avec lui l'illustre et spéciale amie du Sauveur vaquait à la contemplation dans la même Église : car depuis que cette ardente amante du

---

[33] Personne ne doute que tous les prédicateurs orientaux ne soient venus à des époques différentes et il ne faut donc pas prendre ici le texte de Raban à la lettre. Il est remarquable que les plus anciens avaient des noms grecs, tels Pothin, Irénée, Denys ou Trophime, certains venaient d'Asie Mineure, futur empire Byzantin.

[34] Leurs noms proviennent du Martyrologe appelé *petit romain*. Les noms ont sans doute été défigurés par les copistes, tel celui de *Ctésiphon* rendu dans certains manuscrits par *Isephon* d'où les Espagnols feront venir *Ildefons*.

Rédempteur eut choisi avec tant de sagesse la meilleur part, et qu'elle en eut obtenu la possession aux pieds de Jésus-Christ, jamais cette part ne lui fut ôtée, au témoignage de Dieu même. Marie réveillait sans cesse en elle-même l'avidité de son âme pour le Verbe de Dieu : rien ne pouvait rassasier ses désirs toujours plus vifs. Attirés par la douceur de son bien-aimé, elle s'enivrait par avance de ce calice divin pour lequel seul elle soupirait ; son âme, profondément recueillie, élevée au-dessus d'elle-même, fondue en quelque sorte par la chaleur du plus chaste amour, n'avait plus que joie à l'intérieur ; retenue encore sur cette terre, elle allait en esprit au milieu des anges, et parcourait les chœurs célestes. Voilà quelles étaient ses occupations à l'égard d'elle-même. Mais, pleine de sollicitude pour le salut des âmes qui l'avaient fait venir aux extrémités occidentales de l'univers, elle s'arrachait de temps en temps aux douceurs de la contemplation pour éclairer les incrédules par ses paroles ou confirmer les fidèles dans la foi, et versait peu à peu dans les esprits des auditeurs le miel des paroles qui découlait de son cœur. Car c'était de l'abondance du cœur que sa bouche parlait, et c'est ce qui faisait de toute sa prédication un exercice réel de contemplation divine. Elle montrait à tous en sa personne le modèle qu'ils devaient suivre : aux pêcheurs, elle se proposait comme modèle de conversion ; aux pénitents, comme une preuve de la certitude du pardon ; aux fidèles, comme modèle de charité pour le prochain ; et à tout le peuple chrétien, comme une preuve de la miséricorde divine. Elle faisait voir ses yeux qui avaient arrosé de leurs larmes les pieds de Jésus-Christ et qui l'avaient vu les premiers dans sa résurrection. Elle leur montrait ses cheveux, avec lesquels elle sécha d'abord les pieds du Sauveur, arrosés de ses larmes, et les essuya ensuite dans le festin après les avoir oints d'un nard précieux ; cette bouche et ces lèvres avec lesquelles elle les baisa mille et molle fois, non seulement pendant la vie de Jésus, mais encore après sa mort et après sa résurrection ; ces mains qui avaient touché les pieds de Dieu tout-puissant, qui les avaient lavés et oints plusieurs fois, surtout dans cette dernière circonstance, elle répandit sur ces mêmes pieds un si précieux nard, dont elle versa le reste sur la tête du Fils de Dieu. Mais pourquoi voudrais-je ici raconter encore toutes ces choses ? Quel est celui des évangélistes qui ne parle des privilèges de Marie ? Quel est celui d'entre les apôtres qui a été uni au Sauveur dans une plus grande familiarité ? Quel est celui parmi eux qui a puisé avec plus d'avidité les eaux de sa doctrine ? Il fallait donc que comme elle a été envoyée aux apôtres par Jésus-Christ en qualité d'apôtre de la résurrection et de prophétesse de son ascension, elle devint aussi comme un évangéliste pour tous les fidèles de l'univers. C'était ce que Jésus avait présent à la pensée lorsque, voyant et approuvant la dévotion qui la porta à lui oindre la tête, il dit d'elle : *Elle a fait à mon égard une bonne œuvre : je vous le dis en vérité, partout où cet Évangile sera prêché dans tout l'univers, on racontera à sa louange ce qu'elle vient de faire.*

XXXIX
Sainte Marthe vaque à la prédication. Miracles des deux sœurs.

Sainte Marthe, de son côté, avec ses compagnons, prêchait aussi l'Évangile du Sauveur dans les villes d'Avignon et d'Arles, et parmi les bourgs et les villages qui étaient aux environs du Rhône dans la province de Vienne. Elle rendait hautement témoignage de tout ce qu'elle avait vu touchant sa personne, de ce qu'elle avait appris de sa bouche ; et ce qu'elle rapportait de ses miracles, elle le démontrait véritable par les prodiges qu'elle-même opérait. Car elle avait reçu le don des miracles, et lorsque l'occasion le demandait, par le seul moyen de la prière et du signe de la croix, elle guérissait les lépreux, les paralytiques, ressuscitait les morts, et rendait l'usage de leurs organes aux aveugles, aux muets, aux sourds, aux boiteux, aux infirmes et à toutes sortes de malades. Tels étaient les privilèges de Marthe.
Marie opérait pareillement des miracles avec une inexprimable facilité, pour établir la vérité de ses paroles, et exciter la foi dans les auditeurs. On admirait dans l'une et dans l'autre une beauté noble et qui inspirait le respect, une grande décence dans toute leur conduite, et dans leur parole une grâce merveilleuse pour persuader les esprits. Jamais, rarement du moins, voyait-on une personne se retirer

incrédule de leur prédication, ou sans répandre des larmes ; chacun était, par leur seul aspect, enflammé d'amour pour le Sauveur, ou bien versait des pleurs par la considération de sa propre misère. Leur nourriture était frugale, leur habit décent et modeste. Marie, à la vérité, se mettait peu en peine de l'un et de l'autre depuis qu'elle eut perdu la présence corporelle du Seigneur. Mais les femmes qui demeuraient avec elles, et lui portaient une merveilleuse affection, pourvoyaient suffisamment à ses besoins. Et c'est ce qui aura donné lieu à ce récit apocryphe, si toutefois il est apocryphe dans son entier ; car les empoisonneurs ne manquent guère, pour faire avaler plus sûrement le venin, d'y mêler le miel en abondance ; de là, dis-je, est venu peut-être ce récit apocryphe, que tous les jours elle était enlevée dans les airs par les anges, et qu'ensuite elle était remise à terre par eux ; qu'elle avait pour nourriture les aliments célestes qu'ils lui servaient. Entendu dans un sens mystique, ce récit n'est pas du tout incroyable. Car on ne peut douter que Marie ne fût favorisée très-fréquemment de la visite des anges, qu'elle ne fût assistée de leurs bons offices, et ne jouît de la douceur de leurs entretiens. Il était convenable en effet, et même très convenable, que le Dieu de toute consolation la consolât d'une manière merveilleuse et jusqu'alors sans exemple, puisque marie elle-même lui avait rendu sur la terre des devoirs admirables de piété, inouïs avant elle. Au reste, qu'après l'ascension du Sauveur elle se soit aussitôt enfuie dans les déserts de l'Arabie, qu'elle ait demeuré inconnue et sans vêtement dans une caverne, et que depuis elle n'ait vu aucun homme ; qu'étant visitée, par je ne sais par quel prêtre, elle ait demandé à celui-ci son vêtement, et autres particularités semblables, ce sont autant de récits très-faux et empruntés par des conteurs de fables à l'histoire de la pénitente d'Égypte. Bien plus, ils se convainquent eux-mêmes de mensonge dès le commencement de ce récit, en l'attribuant, comme ils le font, au très docte historien Josèphe, puisque Josèphe dans ses écrits ne dit pas un seul mot de Marie-Madeleine. Ces observations sur le sujet présent doivent suffire. Reprenons maintenant la suite de la narration ; et laissant de côté pour un temps la contemplation de Marie, poursuivons les actions et les miracles de sainte Marthe, sa sœur.

XL
Sainte Marthe délivre la province de Vienne d'un dragon appelé Tarasque.

Entre Arles et Avignon, villes de la province Viennoise, près des bords du Rhône, entre des bosquets infructueux et les graviers du fleuve, était un désert rempli de bêtes féroces et de reptiles venimeux. Entre autres animaux venimeux, rôdait çà et là, dans ce lieu, un terrible dragon [35], d'une longueur incroyable et d'une extraordinaire grosseur. Son souffle répandait une fumée pestilentielle ; de ses regards sortaient comme des flammes ; sa gueule, armée de dents aiguës, faisait entendre des sifflements perçants et des rugissements horribles. Il déchirait avec ses dents et ses griffes tout ce qu'il rencontrait, et la seule infection de son haleine suffisait pour ôter la vie à tout ce qui l'approchait de trop près. On ne saurait croire le carnage qu'il fit en se jetant sur les troupeaux et sur leurs gardiens, quelle multitude d'hommes moururent de son souffle empoisonné. Comme ce monstre était le sujet ordinaire des conversations, un jour que la sainte annonçait la parole de Dieu à une grande foule de peuple qu'elle avait réunie, quelques-uns parlèrent du dragon ; et, les uns avec la sincérité de véritables suppliants, les autres pour tenter la puissance de Marthe, se mirent à dire : Si le Messie que cette sainte fille nous prêche a quelque pouvoir, que ne le montre-t-elle ici ? Car si ce dragon venait à périr, on ne pourrait dire que c'eût été par aucun moyen humain. Marthe leur répondit : Si vous êtes disposés à croire, tout est possible à l'âme qui croit. Alors tous ayant promis de croire, elle s'avance à la vue de tout le peuple qui applaudit à son courage, se rend avec assurance dans le repaire du dragon, et par le signe de la croix qu'elle fait, elle apaise sa férocité.

---

[35] Peut-être s'agissait-il d'un crocodile rapporté des rives du Nil par les romains pour les jeux du cirque d'Arles ou de Nîmes qui se serait échappé de son enclos. Des animaux inconnus des habitants de la région avaient déjà été aperçus dans le Rhône.

Ensuite ayant lié le col du dragon avec la ceinture qu'elle portait [36], et se tournant vers le peuple, qui la considérait d loin : Que craignez-vous, leur dit-elle ? Voilà que je tiens ce reptile, et vous hésitez encore ! Approchez hardiment au nom du Sauveur, et mettez en pièces ce monstre venimeux ! Ayant dit ces paroles, elle défend au dragon de nuire à qui que ce soit par son souffle ou sa morsure ; puis elle reproche son peu de foi au peuple, en l'animant à frapper hardiment. Mais tandis que le dragon s'arrête et obéit aussitôt, la foule ose à peine se rassurer. Cependant on attaque le monstre avec des armes, on le met en pièces, et chacun admire de plus en plus la foi et le courage de sainte Marthe, qui, tandis qu'on perce l'énorme dragon, le tient immobile par un lien si fragile, sans aucune difficulté, et sans éprouver aucun sentiment d'effroi. Cet endroit désert était auparavant appelé Nerluc (ou bois noir) ; mais dès ce moment on le nomma Tarascon, du dragon qu'on appelait Tarasque [37] ; et les peuples de la Province Viennoise, témoins de ce miracle, ou en ayant appris la nouvelle, crurent dès lors au Sauveur, et reçurent le baptême, glorifiant Dieu dans les miracles de sa servante, qui fut chérie et honorée autant qu'elle en était digne par tous les habitants de la province.

XLI

Comment Marthe vécut à Tarascon.

Le désert de Tarascon ayant été ainsi délivré par la puissance de Dieu de tous les reptiles qui l'infestaient, sainte Marthe s'y choisit une demeure, changeant en un séjour agréable et délicieux ce lieu auparavant redouté et détestable. Elle s'y fit donc construire une maison ou plutôt un oratoire, qu'elle s'étudia plus à décorer par ses vertus et ses œuvres prodigieuses que par d'inutiles ornements. Elle y demeura retirée l'espace de sept ans. Durant tout cet intervalle, les racines des herbes et les fruits des arbres étaient toute sa nourriture ; encore ne se permettait-elle d'user de ces aliments qu'une seule fois chaque jour. Ainsi en agissait-elle envers elle-même ; mais pour le prochain, sa conduite était tout autre. Car pensant que ce jeûne continuel, s'il n'avait été accompagné de la charité, ne serait qu'un supplice inutile pour elle et un tourment pour les personnes qui partageaient sa retraite, elle n'oublia pas l'hospitalité qu'elle avait tant exercée autrefois. Jamais sans quelque pauvre, elle aimait à leur distribuer ce qu'on lui donnait à elle-même ; toujours les indigents avaient part à sa table ; se réservant pour elle-même les herbes les plus grossières, elle leur distribuait avec une tendre sollicitude et avec sa charité accoutumée les aliments que leurs besoins réclamaient, et elle faisait tout cela avec une satisfaction et des soins qu'elle eût été loin d'avoir si c'eût été pour elle-même. Elle pensait dans cette action que celui qu'elle avait reçu si souvent autrefois tandis qu'il était sur la terre, et qu'il voulait bien éprouver la faim et la soif, n'a plus besoin comme alors d'assistances temporelles, mais que c'est dans les pauvres qu'il veut être soulagé maintenant. Elle se souvenait, cette servante de Jésus-Christ, de ce qu'il dira aux siens : *Ce que vous avez fait au moindre des miens, vous l'avez fait à moi-même.* Et c'est pourquoi, comme elle avait servi d'abord le chef de l'Église, elle s'appliquait alors à assister ses membres, ayant pour tous le même amour et la même prévenance. Or, comme Dieu aime celui qui donne de bon cœur, sa bonté ne lui manqua point, et, il pourvut à tout en lui ouvrant comme une source intarissable, dont l'abondance toujours nouvelle remplaçait continuellement, sans qu'elle s'en mit en peine, les provisions que sa bienfaisance épuisait chaque jour. Car voyant que par un effet de sa générosité naturelle elle trouvait tant de plaisir dans les charités qu'elle faisait, la piété des fidèles ne manquait pas de fournir au-delà de ce qu'il lui fallait pour

---

[36] Les lecteurs de Maria Valtorta (mystique italienne du 20ᵉ s) n'ont pas manqué de faire le rapprochement avec la capture de la Tarasque lorsque Jésus offre sa ceinture à Marthe (T 4, p.37) : *Et prend cette ceinture qui m'appartient. Ne t'en sépare jamais, et chaque fois que tu la verras, dis-toi à toi-même "Plus forte que cette ceinture de Jésus est la puissance de Jésus et avec elle on vient à bout de tout : démons et monstres. Je ne dois pas craindre"*

[37] Raban se trompe ; il semblerait que ce soit l'inverse. Strabon, géographe grec bien connu (-64- 25) parlait déjà de *Tarasconos*.

qu'elle pût exercer sa libéralité. Du reste, les riches eux-mêmes, qui accouraient à elle en grand nombre, ne s'en allaient pas non plus les mains vides ; ils en rapportaient toujours quelque bienfait soit pour le corps, soit pour l'âme.

Son vêtement était grossier ; pendant ces sept années elle porta sur sa chair même un sac et un cilice avec une ceinture de crins de cheval toute remplie de nœuds [38]; et sa chair, s'étant corrompue, était rongée par les vers. Patience incomparable, que de vouloir, quoique vivante, être déjà la pâture des vers. Toujours elle était nu-pieds [39], et avait la tête couverte d'une tiare blanche de poils de chameau [40]. Des branches d'arbres et des sarments sur lesquels elle étendait une couverture lui servaient de lit, et une pierre qu'elle mettait sous sa tête lui tenait lieu d'oreiller. Au milieu de tels délices, sainte Marthe, mille fois martyre, soupirait vers les cieux. Son esprit, entièrement possédé de Dieu, se perdait en lui dans ses oraisons, auxquelles elle employait même le temps de la nuit ; et, les genoux en terre, sans jamais se lasser, elle adorait, régnant dans les cieux, celui qu'elle avait vu dans sa maison soumis à nos misères. Elle allait aussi fréquemment dans les villes et les bourgades voisines, prêchant la foi du Sauveur, et revenait à sa solitude, chargée du fruit de ses travaux après cette divine moisson : car ce qu'elle enseignait par ses paroles, elle l'établissait aussitôt par des miracles et des prodiges ; ou bien aussi, en chassant les démons des corps des possédés par sa seule prière et l'imposition de ses mains ; et enfin, en faisant, par la puissance du Saint-Esprit, toutes sortes de miracles.

XLII
Sainte Marthe ressuscite un jeune homme qui s'était noyé dans le Rhône.

Un jour, assise dans un endroit agréable, auprès d'Avignon, ville de la province Viennoise, devant les portes mêmes de la ville, entre les eaux du Rhône et les remparts de cette cité, sainte Marthe annonçait la parole de vie à un grand nombre de citoyens et guérissait des malades. Un jeune homme qui se trouvait sur l'autre bord du Rhône, voyant cette foule de peuple, eut le désir d'aller entendre lui-même la parole de Dieu. Il n'y avait là ni pont ni bateau pour passer le fleuve. Cependant, emporté par le désir d'entendre la prédication et de voir quelque miracle, d'ailleurs se fiant à son habileté à nager, il se dépouille de ses vêtements, et se jette dans le Rhône pour le traverser. Tous les citoyens placés sur l'autre rive avaient les yeux fixés sur lui lorsque, arrêté tout à coup par l'agitation violente des flots, il enfonce et se noie. Un cri s'élève de la part du peuple ; chacun loue la piété de ce jeune et déplore son malheur. En un mot, tout ce peuple s'empresse à demander d'un commun accord qu'on envoie des pêcheurs, qu'on jette à l'eau des filets, et qu'on cherche, avec toute sorte de soins, le corps du jeune homme, pour voir si par la miséricorde du Sauveur on ne parviendrait pas à le trouver. On le cherche avec beaucoup de peine, on le trouve le lendemain à la neuvième heure du jour, et on l'apporte devant Marthe. Toute la ville s'assemble pour être témoin du spectacle. Alors les plus illustres de l'un et de l'autre sexe prient et supplient à genoux la servante de Jésus-Christ qu'il leur soit donné de voir, dans la résurrection de ce jeune homme, la vérité des merveilles qu'elle leur annonce touchant le Sauveur. Sainte Marthe, selon sa coutume, y consent avec joie, à la condition cependant que tous ceux qui sont présents embrasseront la foi chrétienne. Nous croirons, s'écrie-t-on de toute part d'une commune voix, que votre Sauveur est vraiment Fils de Dieu et Dieu lui-même, qui vous a choisie pour être le ministre de sa parole. À cette réponse sainte Marthe, le

---

[38] L'usage des cilices était fort connu des Juifs comme on le voit dans l'Ancien Testament. Il était naturel que les premiers chrétiens, si portés à la pénitence fissent estime de ces instruments de mortification.
[39] Chez les Hébreux, les prêtres marchaient nu-pieds pendant qu'ils offraient des sacrifices dans le temple. Lorsqu'il fut contraint de fuir devant Absalon, David marchait nu-pieds. Pareillement, le roi Achab, en vue d'obtenir le pardon de ses crimes, s'était couvert d'un sac et marchait nu-pieds, etc.
[40] La tiare était une coiffure en usage chez les orientaux, peut-être convertie chez nous en bonnet-phrygien qu'on attribuait à tous ceux qui étaient supposés venus d'Orient. La tiare étaient données aux mages de Babylone et on la trouve sur les ancien sarcophages chrétiens.

cœur plein d'allégresse et de confiance dans la bonté et le pouvoir du Seigneur, se prosterne avec larmes et se met en prières. Les peuples, entraînés, se prosternent à son exemple, et conjurent à grands cris la clémence du Dieu tout-puissant de daigner manifester son pouvoir par ce miracle pour l'honneur et la gloire de son nom. La prière étant achevée, la servante de Jésus-Christ se lève, et s'approchant du cadavre : Jeune homme, au nom de notre Seigneur et Sauveur Jésus-Christ, Fils de Dieu, dit-elle, levez-vous, et racontez-nous les grandes choses que la bonté du Rédempteur a faite en votre faveur. Mais que dirais-je de plus ? À ces mots, l'âme du jeune homme se réunissant de nouveau à son corps, il revient à la vie, et s'étant assis, il confesse qu'il croit en Jésus-Christ, et après qu'il a reçu le baptême, et que tout le peuple a donné beaucoup de témoignage de sa joie, il retourne sain et sauf dans sa maison. Et tous les assistants, voyant ce prodige, s'écrient unanimement que Jésus-Christ est vraiment Dieu et qu'il n'y a pas d'autre Dieu que lui. Dès ce moment, toutes les bouches célèbrent la renommée de Marthe, la très sainte servante de Jésus-Christ ; dès ce moment elle fut honorée et aimée de tout le monde.

XLIII
Sainte Marthe change l'eau en vin à la dédicace de sa maison.

Ce fut donc pour lors que la grande célébrité de sainte Marthe et le bruit de ses vertus célestes se répandit dans toutes les provinces des Gaules, et principalement dans celle de Vienne, de Narbonne et des Aquitaines, comme l'odeur d'une riche campagne qui a reçu la bénédiction de Dieu. Tous les habitants de ces pays étaient par là portés à la foi de Jésus-Christ, en même temps qu'à l'amour de sa servante, sainte Marthe. Sainte Marie-Madeleine, sa sœur, qu'on ne doit nommer qu'avec un souverain respect, s'en réjouissait et la félicitait. De son côté, l'évêque Maximin, le gardien de Madeleine et le directeur de sa très-sainte vie, toute employée à la contemplation, éprouvait les mêmes sentiments, et il vint de sa province, la seconde Narbonnaise, jusqu'à Tarascon, par le désir de voir la servante de Jésus-Christ et de s'entretenir avec elle. Un semblable dessein, un pareil désir amena à Tarascon, au même jour et à la même heure, Trophime, évêque de la ville d'Arles, et Eutrope, évêque de celle d'Orange, quoique cependant aucun d'eux ne soupçonnât l'arrivée des autres. Mais ils se réunirent de concert par l'inspiration de Dieu, qui dispose avec toute douceur. Cette sainte femme les reçut avec honneur, les servit avec libéralité, et les retint avec instance ; et le seize des calendes de janvier, qui est le dix-sept du mois de caslev, appelé décembre chez les Latins, ils dédièrent au Sauveur, comme basilique, la maison de sainte Marthe, illustrée par les miracles et par la sainteté de sa vie. Après la dédicace de cette église, lorsque les évêques se furent mis à table, sainte Marthe les servit, selon sa coutume, avec une admirable affection. Comme beaucoup d'autres personnes se trouvaient parmi les convives, le vin étant venu à manquer, l'hôtesse du Sauveur ordonna de puiser de l'eau au nom de Jésus-Christ et d'en servir abondamment à tous ; et dès que les pontifes l'eurent goûté dans le repas, ils s'aperçurent qu'elle avait été changée en un excellent vin. C'est pourquoi ces évêques ordonnèrent d'un commun consentement que ce jour serait honoré chaque année, tant à cause de la dédicace de la basilique que du changement merveilleux de l'eau en vin.

XLIV
Sainte Marthe fait saluer Marie ; elle reçoit et nourrit des évêques, et prédit que le jour de sa mort approchait.

Après la mort de sainte Marthe, l'usage s'introduisit, à l'occasion de ce miracle, de célébrer la fête de son trépas, comme aussi le martyre de son frère Lazare, évêque, le jour-même de la dédicace de cette maison. Nous voyons que la même chose se pratique encore aujourd'hui à l'égard de saint Jean-Baptiste et des apôtres de Jésus-Christ, Jean et Jacques, Simon et Jude, ainsi que d'un grand nombre de martyrs ; c'est-à-dire qu'on ne célèbre point leur martyre aux jours où ils l'ont souffert, mais en ceux de la dédicace de leurs églises ou de l'invention de leurs reliques.

Les évêques dirent adieu à la bienheureuse servante de Jésus-Christ, en se recommandant à ses saints mérites et à ses prières ; et après qu'ils se furent donné et qu'ils eurent reçu mutuellement la bénédiction, ils se séparèrent chacun de son côté. Cette sainte vierge salua sa vénérable sœur Marie-Madeleine, cette sainte si digne d'être célébrée dans tout l'univers, la priant avec instance qu'elle daignât la visiter avant sa mort. Dès que la bienheureuse amante du ciel l'eut appris de la bouche de saint Maximin, elle salua sa sœur à son tour, et lui promit ce qu'elle demandait, quoiqu'elle ne l'ait pas exécuté pendant sa vie, mais après sa mort. Ce qui nous apprend que les saints du ciel se souviennent de leurs amis, et leur rendent les bons offices qu'ils ont promis de leur vivant.

Vers le même temps, il s'éleva dans la province d'Aquitaine une cruelle persécution de la part des gentils, et un grand nombre de chrétiens furent envoyés en exil. Parmi eux Frontin, évêque de Périgueux, et Georges, évêque de Veliacum, se réfugièrent à Tarascon, auprès de sainte Marthe, et celle-ci, signalant encore sa charité, mit tous ses soins à les bien recevoir, à les traiter libéralement, et même à les retenir avec honneur jusqu'à ce qu'ils pussent retourner à leurs propres diocèses. Enfin la servante de Jésus-Christ leur disant le dernier adieu lorsqu'ils partaient pour leurs églises : O évêque de Périgueux ! dit-elle, sachez qu'à la fin de l'année prochaine je sortirai de ce corps mortel ; je supplie, s'il vous plaît, Votre Sainteté de venir m'ensevelir. Ma fille, lui répondit cet évêque, j'assisterai moi-même à vos obsèques si Dieu le veut et que je vive. Les évêques retournèrent donc à leurs églises. Sainte Marthe, convoquant alors les personnes qui restaient avec elle, leur prédit que son trépas arriverait après un an ; et pendant toute cette année, couchée sur son lit de sarments, plus glorieux que les couches les plus magnifiques, elle était consumée par la fièvre, comme l'or qui est épuré dans la fournaise par le feu.

XLV

Sainte Marie voit Jésus-Christ. Son trépas et sa sépulture.

Cependant sainte Marie-Madeleine, appliquée à la céleste contemplation, gardait fidèlement la meilleure part qu'elle avait choisie : quoiqu'elle fût sur la terre retenue par les liens de son corps, elle vivait néanmoins en esprit au milieu des délices du ciel, et jouissait de ses ineffables douceurs autant qu'il est permis à des créatures mortelles. Qui pourrait raconter avec quels soupirs elle aspirait vers Dieu ! Quels étaient les vœux de cette ardente amie du Sauveur, malgré toutes les visites des anges dont elle jouissait ici-bas ! Quels étaient, dis-je, les désirs dont elle brûlait d'être avec Jésus-Christ, et de voir régnant dans la majesté celui qu'elle avait vu autrefois humilié sous la forme des esclaves ! Enfin, comme le temps où sa très-sainte âme devait être délivrée de la prison de son corps approchait, lorsqu'elle était près d'entrer dans ces célestes demeures vers lesquelles elle soupirait et se consumait, uniquement dans la vue d'être unie parfaitement au Seigneur, le Fils de Dieu, le Seigneur et Rédempteur des hommes lui apparut. Elle vit cet unique objet de ses désirs, Jésus-Christ en personne, accompagné d'une multitude d'anges, qui l'appelaient à lui avec douceur et miséricorde pour la mettre en possession de la gloire du royaume céleste. Venez, ma bien-aimée, je vous placerai sur mon trône, parce que le Roi, le plus beau des enfants des hommes, est épris de votre beauté ; venez, afin que celui à qui vous avez fourni avec un officieux empressement ce qui était nécessaire à sa vie temporelle, lorsqu'il était sur la terre, conversant avec les hommes, vous donne en retour les biens de la vie céleste, pour en jouir et en triompher éternellement d'allégresse au milieu des chœurs des anges. Enfin elle mourut, l'amie spéciale et l'apôtre du Seigneur, le onzième jour avant les calendes d'août : les anges se réjouissant de la voir associée aux vertus des cieux, et jugée digne de jouir avec eux de la gloire éternelle, et de contempler le Roi des siècles dans sa beauté. L'évêque saint Maximin mit dans un magnifique mausolée son très-saint corps, embaumé avec divers aromates [41], et éleva ensuite sur ses bienheureux membres une basilique d'une belle architecture. On montre son sépulcre, qui est de marbre blanc, et on y voit, représenté en sculpture, comment, dans la maison de Simon, elle mérita le pardon de ses péchés, aussi bien l'office de piété qu'elle rendit au Sauveur pour sa sépulture.

XLVI
Sainte Marthe voit l'âme de sa sœur portée dans les cieux par les anges.

Pendant que ces choses se passaient proche d'Aix, métropole de la province ecclésiastique, seconde Narbonnaise, à la même heure, dans la province de Vienne, à Tarascon, la servante du Seigneur, sainte Marthe, retenue au lit par la fièvre, et qui néanmoins s'appliquait aux louanges de Dieu, aperçoit tout à coup, tandis qu'elle méditait sur les choses du ciel, les chœurs des anges portant dans les cieux l'âme de sa sœur Marie-Madeleine. Aussitôt elle appelle les personnes qui l'assistaient, et leur rapporte ce qu'elle vient de voir, les excitant à l'en féliciter. O ma très-heureuse sœur, s'écrie-t-elle, que m'avez-vous donc fait ? Pourquoi ne m'avez-vous pas visitées, comme vous vous y étiez engagée ? Jouirez-vous donc sans moi des embrassements du Seigneur Jésus, de celui que nous avons tant aimé et qui nous aimait tant ? Je vous suivrai partout où vous irez. Jouissez cependant, jouissez de la vie éternelle ; soyez heureuse à jamais, et n'oubliez pas, je vous prie, celle à qui votre mémoire est si chère.
Sainte Marthe, remplie de joie par cette vision, se livre avec plus d'ardeur que jamais à ses désirs de mourir et d'être avec Jésus-Christ ; elle ne souffre qu'avec peine de demeurer plus longtemps dans la chair, d'être privée de la compagnie de sa sœur et de celle des anges qu'elle a vus ; et sachant que l'heure de son départ n'est plus éloignée, elle exhorte les fidèles, les instruit et les fortifie. Car dès que le bruit se fut répandu que la mort de la servante de Dieu approchait, une grande multitude de fidèles étaient accourus, et pour ne la point quitter avant sa sépulture, ils se dressaient des tentes dans les bois et allumaient des feux de tous côtés.

XLVII
Jésus-Christ et Madeleine son amie apparaissent à sainte Marthe.

Le soir du septième jour qui suivit, sainte Marthe ordonna d'allumer sept flambeaux de cire et trois lampes. Or, vers le milieu de la nuit, tous ceux qui la veillaient, se trouvant accablés par le sommeil, s'endormirent profondément. Alors voilà qu'un tourbillon de vent venant à passer avec violence, éteint tous les cierges et les lampes. La servante de Jésus-Christ, comprenant quelle était la cause de cet évènement, fait le signe de la croix, et s'arme de la prière contre les embûches des démons. Ensuite elle réveille les personnes qui la gardaient et les prie de rallumer les lumières. Aussitôt ils se hâtent de sortir pour exécuter cet ordre, mais comme ils tardaient à revenir, une lumière descendue du ciel brille tout à coup ; et dans cette lumière même, l'apôtre spécial du Sauveur, Marie-Madeleine, portant à la main un flambeau ardent, rallume à l'instant avec cette lumière du ciel les sept cierges éteints et les trois lampes ; puis, s'approchant du lit de sa sœur : "Salut, sainte sœur, lui dit-elle," et après que Marthe l'eut saluée à son tour : "Eh bien ! Lui dit-elle, vous voyez que je vous visite avant votre mort, ainsi que vous me l'aviez fait dire par le saint pontife Maximin. Mais voici le Sauveur votre bien-aimé qui vient vous rappeler de cette vallée de misères. C'est ainsi qu'il en a usé envers moi en m'apparaissant en personne pour me faire entrer au palais de sa gloire. Venez donc et ne tardez pas." Ayant dit ces paroles, elle court avec allégresse au-devant du Seigneur, qui, après être entré et s'être approché de Marthe, la regarde d'un air très-doux

---
[41] Cette coutume typiquement juive fut alors transmise aux premiers chrétiens. Les païens le leur reprochaient, les blâmant de réserver leurs parfums pour les morts.

et lui dit : "Me voici, moi que vous avez autrefois assisté de vos biens avec tant de dévouement, moi à qui vous avez rendu maintes fois l'hospitalité avec tant de soins, et à qui, depuis ma passion, vous avez encore fait tant de bien dans la personne de mes membres. C'est moi-même ; c'est moi aux pieds de qui prosternée autrefois, vous avez dit : *Je crois que vous êtes le Messie, le Fils du* Dieu *vivant, qui êtes venu dans ce monde.* Venez donc, sainte hôtesse de mon pèlerinage, venez à l'exil, venez recevoir la couronne." Marthe s'efforçait de se lever, entendant ces paroles, et de suivre incontinent le Sauveur ; mais "Attendez encore, lui dit-il, je vais vous préparer une place, et je reviendrai de nouveau, et je vous recevrai auprès de moi, afin que là où je suis, vous soyez aussi vous-même avec moi." Ayant dit ces mots, il disparut ; sa sainte sœur Marie disparut également. Mais la lumière qui avait accompagné leur apparition continua de briller. Alors les personnes qui gardaient sainte Marthe arrivèrent, et elles furent remplies d'étonnement, en voyant que les candélabres, qu'elles avaient laissés éteints, jetaient un éclat tout extraordinaire.[42]

XLVIII
Dans quel lieu, dans quel temps, comment et devant quels témoins sainte Marthe rendit son âme à Dieu.

Dès que le jour parut, sainte Marthe ordonna qu'on la transportât dehors et qu'on la mît en plein air. Le temps, si rapide qu'il fût, n'avançait pas à son gré, et ce matin eut pour elle la longueur de mille ans. On étend de la paille sous un arbre touffu, sur la paille on étend un cilice, et on trace par-dessus une croix avec de la cendre. Au lever du soleil, la servante de Jésus-Christ est transportée et posée sur la cendre ; ensuite, à sa demande, on élève devant elle une image du Sauveur attaché à la croix. Là, après un peu de repos, portant ses regards sur la multitude des fidèles, elle leur demande d'accélérer par leurs prières le moment de sa délivrance ; et tandis que la foule fondait en larmes, elle élève les yeux au ciel : O Sauveur, dit-elle, vous qui daignâtes recevoir de moi l'hospitalité, pourquoi tant de retards ? Quand viendrai-je et paraîtrai-je devant votre face ? Depuis que vous l'avez parlé ce matin, mon âme s'est comme fondue en moi ; depuis ce moment mes membres ont perdu leurs mouvements ; dans l'ardeur de vous posséder, mes nerfs sont comme paralysés, mes os arides et desséchés jusqu'à la moelle, et toutes mes entrailles en sont consumées. Seigneur, ne me privez pas de mon attente ! Mon Dieu, ne tardez pas ; hâtez-vous, Seigneur ! Dans ces pensées, il lui vient alors à l'esprit qu'elle a vu autrefois le Sauveur expirer sur la croix à la neuvième heure, et qu'elle a apporté avec elle de Jérusalem l'histoire de la passion de Jésus-Christ en langue hébraïque. Elle appelle donc saint Parménas, le priant de prendre cet écrit et de le lire devant elle, afin d'adoucir au moins l'ennui de son attente. En effet, en entendant lire en sa propre langue la suite des supplices qu'elle avait vu souffrir autrefois à son bien-aimé, la compassion tirant des larmes de ses yeux, elle se met à pleurer, et oubliant un moment son exil, elle fixe toute son attention sur le récit de la passion, jusqu'à ce que, arrivée à l'instant où Jésus-Christ remet son esprit entre les mains de son Père et meurt, elle pousse elle-même un grand soupir et rend l'âme. Ce fut le quatre des calendes d'août qu'elle s'endormit ainsi dans le Seigneur, le huitième jour après la mort de sainte Madeleine, le sixième jour de la semaine, à la neuvième heure du jour, la soixante-cinquième année de son âge.

Ses compagnons qui étaient venus avec elle d'Orient, et lui étaient demeurés constamment attachés jusqu'à ce jour, après avoir embaumé son corps, et l'avoir enveloppé avec honneur, le déposèrent dans sa propre église. C'étaient saint Parménas, Germain, Sosthène et Épaphras, qui avaient été les compagnons de saint Trophime, évêque d'Arles ; et encore Marcelle sa servante, Évodie et Syntique. Ces sept personnes consacrèrent trois jours à ses funérailles, avec une multitude de peuples qui accouraient

---

[42] La circonstance de ces lampes et de ces cierges éteints par la malice du démon puis rallumés au moment de l'intervention de sainte Marie-Madeleine au moment où sainte Marthe va rendre l'âme, pourrait être une allusion à la parabole des vierges attendant l'arrivée de l'époux, la lampe à la main : allusion consacrée par la liturgie de plusieurs églises où ces lampes représentent diverses vertus. Les trois lampes de Marthe pourraient représenter les trois vertus théologales, et les sept cierges, les sept dons du Saint-Esprit.

de toutes parts, et qui chantaient nuit et jour les louanges de Dieu autour de ce saint corps, allumant de toute part des cierges dans l'église, des lampes dans les maisons, et des feux dans les bois.[43]

XLIX

Dans quel lieu, dans quel temps, avec quelles circonstances, fut-elle inhumée par Notre-Seigneur et par l'évêque saint Front, quoique absent de corps.

Le jour du sabbat on lui prépara une sépulture honorable dans sa propre église, que les pontifes avaient dédiée ; et le jour que nous appelons jour du Seigneur, à la troisième heure, tout le monde était réuni pour inhumer dignement ce saint corps, la veille des calendes d'août. À cette même heure, tandis que le pontife saint Frontin, à Périgueux, ville d'Aquitaine, allait célébrer le saint sacrifice, et qu'en attendant le peuple il s'était endormi dans sa chaire, Jésus-Christ lui apparut, et lui dit : "Mon fils, venez accomplir la promesse que vous avez faite d'assister aux obsèques de Marthe mon hôtesse." À peine eut-il dit ces paroles, que dans un clin d'œil ils apparurent à Tarascon dans l'église, tenant des livres dans leurs mains, Jésus-Christ à la tête, et l'évêque aux pieds de ce saint corps ; ce furent eux seuls qui le placèrent dans le mausolée, au grand étonnement de ceux qui étaient là présents. Les funérailles achevées, ils sortent de l'église ; l'un des clercs les suit, et demande au Seigneur qui il est, et d'où il est venu. Le Seigneur ne lui répond rien, mais lui remet le livre qu'il tenait. Le clerc retourne au sépulcre, montre le livre à tout le monde, et lit ainsi à chaque page : "La mémoire de Marthe, hôtesse de Jésus-Christ, sera éternelle ; elle n'aura rien à craindre des langues mauvaises." C'était tout ce qui était contenu dans le livre.

Dans le même temps, à Périgueux, le diacre réveille le pontife, lui disant tout bas que l'heure du sacrifice était passée, et que le peuple se lassait d'attendre. "Ne vous troublez pas, dit le prélat (en s'adressant aux fidèles), et ne soyez pas fâchés de ce retard. Je viens d'être ravi en esprit, soit avec mon corps, soit sans mon corps, je l'ignore, Dieu le sait : j'ai été transporté à Tarascon avec notre divin Maître et Sauveur, pour y rendre les devoirs de la sépulture à sainte Marthe, sa servante défunte, selon la promesse que je lui en avais faite pendant sa vie. C'est pourquoi envoyez quelqu'un qui rapporte mon anneau et mes gants, que j'ai remis entre les mains du sacristain, lorsque j'ai placé ce saint corps dans le tombeau." Le peuple s'étonne en entendant ces paroles. On envoie des députés à Tarascon. Les habitants de ce lieu indiquent dans une lettre à ceux de Périgueux le jour et l'heure de la sépulture, qui étaient inconnus de ces derniers, leur marquant qu'avec leur pontife, qu'ils connaissaient fort bien, on avait vu aux funérailles une autre personne vénérable ; ils rapportèrent aussi la circonstance du livre et de son contenu, afin de savoir si l'évêque n'en avait point connaissance. Du reste ils renvoient l'anneau que le sacristain avait reçu, ainsi que l'un des gants mais ils retiennent l'autre comme preuve d'un aussi grand miracle.[44]

Quelques-uns de ceux qui avaient assisté la servante du Sauveur retournèrent en Orient pour y annoncer le royaume de Dieu, à savoir : Épaphras avec Marcelle [45], et sainte Syntique, de laquelle parle l'Apôtre dans une Épître, et qui est inhumée à Philippes, où elle fit une sainte mort ; Parménas, plein de foi et de grâce

---

[43] Ce récit des funérailles de sainte Marthe est tout à fait conforme à ce qui se pratiquait aux obsèques des premiers chrétiens. Les corps étaient exposés et l'on allumait des cierges et des lampes.

[44] Sans doute cette histoire fut-elle embellie de diverses circonstances merveilleuse, mais elle dût avoir un fondement réel. L'apparition de Jésus-Christ aux obsèques est non seulement attestée par la liturgie des églises de Provence (Aix, Apt, Ales, Marseille… Lyon, Orléans, Auch…) mais par nombre d'églises étrangères (Cologne, Constance) et par celle des Dominicains. Jésus est aussi apparu à plusieurs martyrs pour les encourager. La singularité concerne surtout la présence de saint Front aux obsèques de Marthe. On trouve une circonstance analogue rapportée par Grégoire de Tours au sujet de la mort de saint Martin à laquelle aurait participé saint Ambroise de Milan. La ressemblance est troublante et il est possible que Raban ait puisé à la même source.

[45] D'après Raban, Ste Marcelle serait retournée en Orient après la mort de Ste Marthe Or il semble que son corps fut découvert à Saint-Maximin et qu'il reposa dans la crypte de Ste Marie-Madeleine jusqu'à la Révolution.

de Dieu, et qui eut la gloire du martyre ; Germain et Évodie, qui aidèrent les apôtres dans leurs travaux, et s'employèrent au soulagement des fidèles, avec saint Clément, et leurs autres coopérateurs dont les noms sont écrits au livre de vie.

Depuis le jour de la mort de sainte Marthe, des miracles sans nombre se sont opérés dans sa basilique, où des aveugles, des sourds, des muets, des boiteux, des paralytiques, des estropiés, des lépreux, des démoniaques et d'autres qui souffraient de divers maux, ont reçu leur guérison, Clovis, roi des Francs et des Teutons, qui le premier des princes de cette nation) fit profession de la foi chrétienne, frappé de la multitude et de la grandeur de ces miracles, vint lui-même à Tarascon ; et à peine eut-il touché la tombe de la sainte qu'il fut délivré d'un mal de reins très-grave qui l'avait vivement tourmenté. En témoignage d'un si grand miracle, il donna à Dieu, par un acte scellé de son anneau, la terre située autour de l'église de Sainte-Marthe, jusqu'à trois milles de l'un et de l'autre côté du Rhône, avec les bourgs, les villages et les bois ; domaine que cette sainte possède encore jusqu'à ce jour par privilège perpétuel. Les vols ou les rapines, les sacrilèges ou les faux témoignages trouvent aussi sur-le-champ une horrible punition dans cette église par le jugement de Dieu, à la louange de notre divin Sauveur.

L

Sur la mort et la sépulture de saint Maximin.

Mais c'est assez d'avoir raconté, comme nous l'avons fait, tous les évènements relatifs à la vie et à la mort précieuse de sainte Marthe, la vénérable servante du Fils de Dieu, notre Seigneur et Sauveur. Réservant pour un autre ouvrage les prodiges qui sont arrivés après sa sainte mort par sa puissance, ou à son sujet, comme aussi la vie pleine de vertus et la passion du bienheureux Lazare son frère, évêque et martyr ; nous ne ferons qu'ajouter ici une courte indication des miracles qui ont été opérés par l'amante de Dieu, Marie-Madeleine, en disant d'abord un mot sur la mort du saint évêque Maximin.

Voyant approcher le temps auquel il devait être enlevé de ce monde, ainsi que l'Esprit-Saint lui avait fait connaître par révélation, pour recevoir de la bonté du souverain juge la récompense de ses travaux, il ordonna qu'on préparât le lieu de sa sépulture dans la basilique qu'il avait fait construire avec beaucoup d'art sur le très-saint corps de sainte Madeleine, comme nous l'avons raconté plus haut, et qu'on plaçât son sarcophage auprès du mausolée de la bienheureuse amante de Dieu. En effet, après sa sainte mort, il y fut inhumé avec honneur par les fidèles, et l'un et l'autre illustrent ce lieu par des miracles insignes, opérés par leur intercession en faveur de ceux qui les invoquent pour le bien de leur âme ou de leur corps. Ce lieu est devenu, avec le temps, si sacré, qu'aucun roi, prince ou autre, si distingué qu'il soit par la pompe du siècle, n'oserait entrer dans leur église pour y solliciter quelque grâce, sans avoir auparavant déposé ses armes, sans s'être dépouillé de toute férocité brutale et sans y faire paraître toute sorte de marques d'une dévotion humble. Jamais aucune femme, de quelque condition, rang ou dignité que ce soit, n'a eu la témérité d'entrer dans ce très-saint temple. Ce monastère s'appelle l'abbaye de Saint-Maximin : il est bâti dans le comté d'Aix, et est richement pourvu de biens et d'honneurs. Ce fut le six des ides de juin que le saint pontife Maximin mourut et fut heureusement couronné dans le ciel.

FIN DE LA VIE DE SAINTE MARIE-MADELEINE ET DE SAINTE MARTHE SA SŒUR.